河北省社会科学基金项目

《马克思主义在河北的早期传播研究》（HB18MK015）结项成果

马克思主义早期传播研究

兼论河北的区域实践

A Study on the Early Dissemination of Marxism: a Case Study of Hebei Region

刘建民◎著

燕山大学出版社

2020·秦皇岛

图书在版编目（CIP）数据

马克思主义早期传播研究:兼论河北的区域实践/刘建民著.—秦皇岛:燕山大学出版社,2020.12（2026.1 重印）

ISBN 978-7-5761-0089-1

Ⅰ.①马… Ⅱ.①刘… Ⅲ.①马克思主义—传播—研究—河北 Ⅳ.①D61

中国国家版本馆 CIP 数据核字（2020）第 219100 号

马克思主义早期传播研究：兼论河北的区域实践

刘建民 著

出 版 人：陈 玉

责任编辑：张岳洪　　策划编辑：张岳洪

责任印制：吴 波　　封面设计：方志强

出版发行：燕山大学出版社　　电 话：0335-8387555

地 址：河北省秦皇岛市河北大街西段 438 号　　邮政编码：066004

印 刷：廊坊市印艺阁数字科技有限公司

经 销：全国新华书店

开 本：880 mm×1230 mm 1/32　　印 张：5.5

版 次：2020 年 12 月第 1 版　　印 次：2026 年 1 月第 2 次印刷

书 号：ISBN 978-7-5761-0089-1　　字 数：110 千字

定 价：48.00 元

自　　序

马克思主义在中国的传播，是改变中国历史进程的大事件。当然，这必须深入当时的历史情境与社会实际，从社会变迁和时代主题的变化中去把握。自1840年开始，在西方侵略者坚船利炮的暴力破坏下，中国关闭已久的国门徐徐洞开，国人陷入了前所未有的生存危机和信仰危机中。“中华民族现在所逢的史路，是一段崎岖险阻的道路。在这一段道路上，实在亦有一种奇绝壮绝的景致，使我们经过此段道路的人，感得一种壮美的趣味。但这种壮美的趣味，是非有雄健的精神不能够感受到的。”[①]显然，这既是基于历史现实的判断，又是对时势造英雄的阐释。

虽然清王朝统治者闭目塞听，大多数国人还茫然无知的时代车轮已然发生巨变，但已有走在时代前沿的人士在救国的道路上鼓与呼。尽管不同阶级不同阶层的先进人物对救国的道路和理论苦苦求索，但在残酷现实面前屡屡碰壁，而资本帝国主义的侵略导致民族危机的程度亦不断加深。庆幸的是民族意识的觉醒

---

①《李大钊全集》第4卷，人民出版社2013年版，第375页。

也在此危难之中孕育,并形成了对科学理论的极大渴望。值此危难之际,马克思主义适时传入中国,这自然离不开俄国革命成功实践的巨大影响。习近平总书记在纪念马克思诞辰200周年大会上的讲话指出:"列宁领导的十月革命取得胜利,社会主义从理论变为现实,打破了资本主义一统天下的世界格局。"[①]这种人类历史上前所未有的大变革,演绎了马克思主义从理论到现实的飞跃,不仅对俄国民众来说是命运的转折,而且影响到了在救国路上彷徨与顿挫的中国民众。在众多思潮的碰撞与争锋中,大浪淘沙,马克思主义最终成为历史与人民的选择。自从有了马克思主义,先进的中国人把它的基本原理和中国革命实际相结合,成立了无产阶级政党——中国共产党,形成了马克思主义中国化的第一个理论成果——毛泽东思想,指导中国革命取得了令世界震撼的新民主主义革命的伟大胜利,中国完成了民族独立和民族解放的历史性转折。

如果说新民主主义革命时期的伟大革命见证了中国人民站起来的巨变,那么,中华人民共和国成立后,站起来的中国人民面临的形势依然严峻。面对"二战"后的新格局和错综复杂的国际国内形势,中国共产党团结领导各族人民,以马克思主义为指导,完成了社会主义改造,建立了社会主义制度,在世界的东方开始了注定将载入人类史册的社会主义探索。探索的过程中颇多令人

① 习近平:《在纪念马克思诞辰200周年大会上的讲话》,《人民日报》2018年5月5日,第2版。

欢喜、叹息和反思之处，反映着社会主义运动发展的不平凡历程。特别是苏共二十大后，在对苏联模式高度效仿的反思中，既取得了以重工业为主要内容的社会主义建设的伟大成就，又因为种种错综复杂的国内外因素使得符合中国实际的社会主义道路之探索遇到了挫折，甚至一度陷入了极端的狂热与动荡中，导致对马克思主义的信仰与坚持出现了偏执与错乱。沧海横流方显英雄本色。中国共产党在危难之际结束了长达十年的“文化大革命”，重新确立了对马克思主义的正确信仰，从思想上厘清了社会主义的一系列原则性问题，开启了改革开放的伟大征程。自此，党团结领导人民群众在社会主义道路上披荆斩棘，中国特色社会主义事业成就举世瞩目，并形成了富有中国特色的模式、经验和智慧。这也意味着，马克思主义传播经历了社会主义建设到改革开放的社会大变革，特别是到了新时代，指导着实践的不断探索和创新，反映在中国化理论的与时俱进上，即经历了邓小平理论、“三个代表”重要思想、科学发展观的几个阶段，在创新发展中国特色社会主义理论体系中形成了习近平新时代中国特色社会主义思想。

纵观百年以来的马克思主义传播历程，昭示着时代孕育理论的重大启示。换句话说，马克思主义在中国的传播，深刻反映了社会发展和时代主题的变化，特别是隐藏其中的人们价值理念、思想观念和道德情感的变化，尤其值得我们关注和深思。自然，这种变化所呈现出来的轨迹是非常值得探究和思考的，特别是置于 19 世纪末以来一百多年的社会大动荡大变迁中。万事开头难，百年之前社会动荡不安、思潮纷繁论争之际，一种理论若想扎根中国大地，其所经历的艰难可想而知。“全部社会生活在本质上是实践的。凡是把理论引向神秘主义的神秘东西，都能在人的实践中以及对这种实践的理解中得到合理的解决。”①如此一来，对马克思主义早期传播的研究自然就是一件十分有意义的事情。因此，在对马克思主义早期传播进行回顾时，对一些重要问题的讨论就显得十分必要而且关键，如马克思主义传播历程的阶段性变化、不同区域呈现出来的传播面相、不同传播主体所发挥的作用，如陈独秀、李大钊等先进人物在马克思主义传播中发挥的典型示范作用。这些问题的讨论，显然对我们长时段审视马克思主义的传播，以及深入具体情境中进行微观观察，皆是具有重要意义的。

为了方便讨论，一些具有共性与特性的研究对象自然需要重点关注，由此河北的历史价值凸显出来。由于历史传承、文化背景、风俗习惯、地理位置和现实状况等因素，对马克思主义在环卫京津的河北地区的传播研究自然就变得十分重要。河北既有与其他地区相同的现实境遇和理论需求，又有自身独特的接受、传播与演变过程，决定了我们必须聚焦于几个问题的讨论：

一是对马克思主义在河北早期传播历史背景与现实需求的研究。19 世纪末 20 世纪初的中国，正处于大动荡的年代，在欧风美雨的侵袭下各种思潮在社会上碰撞与交融，形成了理论争锋的

① 《马克思恩格斯文集》第 1 卷，人民出版社 2009 年版，第 501 页。

独特景象。“批判的武器当然不能代替武器的批判，物质力量只能用物质力量来摧毁；但是理论一经掌握群众，也会变成物质力量。”①处于政治中心区域的河北，急需科学理论在思想界占据主导地位，以引导人们投身于救亡图存的斗争中。这一点，与非政治中心区域有着极大不同。自明清后，中国的政治中心稳定在北方，河北在政治、军事、经济、社会等各方面皆具有重要地位，甚至在一定程度上说具有全国性的战略意义。尤其是近世以来，河北承载了社会变革的多重变奏，重大事件多发生于此，风云人物为民族的鼓与呼多发生于此，这块土地饱含着民族的感情，孕育着民族的精神。马克思主义的传播来到了最适宜的土壤，并种下了希望的种子，直至开花结果。在一定程度上说，河北与其他地区相比较有着自己独特的现实需求，这种现实需求建立在河北的历史文化传统与社会现实发展的基础上，并促使马克思主义在河北这块土地扎根开花结果。

二是对不同主体在河北马克思主义早期传播的作用研究。对马克思主义的传播，自然是那个时代由少到多，进而印刻着时代烙印的群体行为。当然，群体行为中必然有着基于自身价值观念、知识结构、职业兴趣的同与不同。因此，在主体选择上，我们需要归类分析，主要考察的是两种有代表性的不同主体在传播中所起的作用。首先是对李大钊作为传播主体的考察。这不仅基于李大钊的籍贯，更是建立在李大钊活动区域和历史作用上的必

① 《马克思恩格斯文集》第 1 卷，人民出版社 2009 年版，第 11 页。

然选择。如果以时间为序，李大钊的贡献主要分为两个阶段：前一阶段是对马克思主义的研究、学习和理论传播，后一阶段是把马克思主义应用于中国的具体革命实践。我们必须注意的是，李大钊传播马克思主义的两个阶段不是截然分开的，而是一个连续的动态过程，反映了李大钊在传播马克思主义中思想的变化，同时也在一定程度上反映了马克思主义在中国传播的演变过程。此外是对其他传播主体的考察。正所谓孤木不成林，一大批时代先进青年团聚在李大钊身边，在李大钊的指导下，这些先进的知识分子在河北开始了对马克思主义的传播。他们虽然在影响力上不能与李大钊等先驱相比，但其大量基础性的工作是河北接受科学革命理论的指导并成为中国革命运动重地的重要条件。对他们的考察，有利于我们了解更多马克思主义传播中的常态内容。

三是马克思主义在河北早期传播的现实启示。纵观马克思主义在河北的早期传播，坚持理论与实践的结合，注重发挥不同传播主体的独特作用，充分认识到马克思主义理论的科学性并用于指导实践，使得河北成为马克思主义传播的主阵地。自然，我们不能否认当时在思想认识上所存在的欠缺，亦不能无视具体行动上的某些受限于时代的局限。但无论如何，皆不能否认这些开创者探索过程中跨越时空的历史贡献。抚今追昔，知古鉴今。今天的中国进入了新时代，这种新的历史方位不仅仅意味着巨大的历史机遇，更意味着我党将面对前所未有的挑战。从历史发展中观照现实，有一个真理性的结论必须坚持，亦即唯有坚持马克思主义，亮旗帜，筑根基，指方向，才能取得各项事业的不断胜利。

伟大的时代孕育伟大的理论，伟大的理论指导伟大的实践。“理论在一个国家实现的程度，总是取决于理论满足这个国家的需要的程度。”①回首百年前，马克思主义在河北的早期传播，无疑是具有时代特征和历史价值的重大事件。这提醒我们，既需要从宏观上置于中国大动荡大变革的时代大背景，在人民群众对先进理论的渴望中窥探社会的律动及节奏的变化，也要求基于河北的个案考察，特别是考虑到河北所具有的独特地位及影响，窥探由此所蕴含的马克思主义传播的多重面相。

“正像星星之火可以燎原，人类进化的历史性使命的承担者，从英国、法国转到德国，又逐渐转移到位于欧亚大陆夹缝中的落后国家俄国手中。中国不需要为自己是落后国家而烦恼，也不必为自己是东方文明一员而烦恼。中国需要的是利用作为亚洲落后国家的‘特权’，积极加入到世界历史的发展潮流中，使自己获得新生。”②当中国特色社会主义进入新时代，民族复兴大业稳步推进之际，沟通传统与现代、历史与现实之间的联系，具有特别重要的理论与现实意义。因此，我们的讨论即是采用历史回溯的方法，观察理论与实践、国际与国内、时局与人物、传统与现代等诸

① 《马克思恩格斯文集》第1卷，人民出版社2009年版，第12页。

② ［日］佐藤慎一著，刘岳兵译：《近代中国的知识分子与文明》，江苏人民出版社2011年版，第219页。

多变量之间的互动,并得出基于后来者优势的经验,为今天先进思想的传播提供历史智慧。

是为序。

目　录

第一章　大变革时代的思潮涌动

正如马克思所说，“我们判断这样一个变革时代也不能以它的意识为根据；相反，这个意识必须从物质生活的矛盾中，从社会生产力和生产关系之间的现存冲突中去解释”。[①] 马克思主义之所以能在20世纪初的中国传播，并最终成为众多思潮中适应救亡图存需求的必然选择，有着深刻的时代背景，在一定程度上反映着国际国内错综复杂的形势变动，或者说，国际国内局势的变动为马克思主义进入中国进而传播提供了时代背景。从国际环境看，资本主义固有矛盾的不断加深最终引发了第一次世界大战，西方文明曾被隐藏的一系列问题集中爆发，不仅西方社会自身开始了反思，而且一度对西方心存幻想的国人也开始了忧虑与反思。就在国人陷入彷徨失望之际，俄国十月革命的爆发又带来了新世纪的曙光，马克思主义的科学性在经过实践的检验后很快便震撼世界。从国内环境看，自

---

①《马克思恩格斯文集》第2卷，人民出版社2009年版，第592页。

1840 年以来此起彼伏的救亡图存运动到了一个转折点，屡经挫折的救亡运动证明了不是先进生产力的方案难以适应时代的需要，以新文化运动为代表的思想解放运动推动着国人，特别是部分立在时代潮流的先进国人苦苦寻求救国真理，不甘于在沉默中灭亡的人们渴望着先进救国思潮的出现。恰逢此时，马克思主义传入中国了。

第一节　国际社会的风云变幻

自 1840 年英国侵略者凭借坚船利炮强行撞开清王朝闭关锁国的大门，把中国卷入世界资本主义体系后，中国即发生了世人尚难以察觉的影响深远的变化。“与外界完全隔绝曾是保存旧中国的首要条件，而当这种隔绝状态通过英国而为暴力所打破的时候，接踵而来的必然是解体的过程，正如小心保存在密闭棺材里的木乃伊一接触新鲜空气便必然要解体一样。”① 就在这一解体过程中，国际秩序的变动以及各国势力的消长总会影响着中国。古老的中国在东西方文化的碰撞中痛苦呻吟，在传统向现代的艰难嬗变中辗转反侧，期望找到走出泥潭的路径和方法。如果说此前曾数次让国人寄予厚望的救国方案，最终如镜花水月般无可奈何花落去，那么马克思主义的传播是在

① 《马克思恩格斯选集》第 2 卷，人民出版社 1995 年版，第 609 页。

国际环境进入到一个错综复杂的特殊时刻，给处于迷茫彷徨中的国人带来了希望。那么，国际环境到底发生了怎样的变化呢？

除了资本主义社会发展及其矛盾爆发而引发第一次世界大战外，社会主义从理论到实践的巨大转变不仅是当时具有世界影响的事件，而且从长时段的人类社会发展来说亦是标志性的事件。对此，蓝公武有一段令人印象深刻的记忆："社会主义这个名词输入中国也将近有二十年了。在民国元年江亢虎等大轰了一阵，又居然构成了中国的社会党一段小小的历史，并且有为这主义而死的人，但是中国真正有人研究社会主义，却是在最近的两年中，这自然是大战的反动，俄国大革命的影响，所以能使世界潮流也侵入这思想上交通断绝的中国来。"①我们姑且不讨论这种"思想上交通断绝"的描述如何进行历史的解读，但在马克思主义传入的国际影响上确实道出了当时的实际状况，亦即国际社会所发生的大变动。

一、西方资本主义文明的矛盾

19 世纪末 20 世纪初，随着西方资本主义由自由竞争阶段向帝国主义阶段的过渡，主要帝国主义国家实力此消彼长，从而引起对利益重新分割的诉求。这种诉求不仅仅涉及现实的利益，甚至影响着世界格局的变动，使得帝国主义国家之间产生了不同层面的矛盾。在矛盾不可调和的情况下，以极端形式解决也就成了

① 蓝公武：《社会主义与中国》，《改造》第 3 卷第 6 号，1921 年 2 月 15 日。

必然结果，最终引发了给人类带来巨大灾难的第一次世界大战。与战争所带来的灾难不同的是，战前资本主义世界已经显露甚至隐藏的一系列结构性问题，战后以更为突出的症状表现出来。“欧战告终之后，不但列国之局将大变更，乃至哲学、政法、理财、国际、宗教、教育，皆将大受影响。”[1]这种影响除了当时现实后果以外，更重要的是引起了具有社会历史性影响的反思。也就是说，资本主义文明并不是一度表现出来的那么美好，而是有其自身所不能克服的内在缺陷，这种与生俱来的属性及表现，已经引起了很多人的思考和反思。

这种反思对尚处于水深火热中的中国来说尤其重要。自从近世林则徐等人“开眼看世界”以来，西方工业文明所带来的冲击使得部分国人对救国真理在西方的说法深信不疑，并试图以此来改变任人侵凌的困境。地主阶级洋务派发起学习洋枪洋炮制作技术的洋务运动，资产阶级维新派以维新运动试图进行制度层面的变革，资产阶级革命派从更激烈的社会变革视角开启了辛亥革命，陈独秀等人发起了思想启蒙性质的新文化运动。一场场救亡图存的爱国运动勾勒出近代以来国人寻觅民族救亡的努力。在一定程度上说，从器物到制度，从制度到文化，中国人在挖掘西方文明的道路上苦苦探索，这种变化既反映了救国方案在社会发展中的不断演变，又反映出国人思想意识的嬗变。这种嬗变自然不是线性的发展，而是包含着更为丰富的历史面相，甚至迟疑、彷徨

① 王栻主编:《严复集》第3册，中华书局1986年版，第619页。

乃至反复等复杂心理变动，这从具有代表性的时代风云人物——如梁启超等人在屡经挫折后开始对西方文明产生质疑乃至怀疑，剧烈的思想变化轨迹中可见一斑。

换言之，如果西方文明或者具体说资本主义制度不能救国的话，势必要寻找新的救国真理。那么，新的救国真理在哪里？在西方看不到希望的同时，东方曙光初现，科学社会主义在俄国实现了从理论到实践的巨大飞跃，这为马克思主义的传入传播创造了条件。特别是第一次世界大战的发生以及战后西方强国的强者游戏，使得这一缕东方曙光显得更为耀眼与意味深长。尤其是作为“战胜国”的中国，曾对以美国为首的西方国家抱有无限期望。不仅仅北洋政府，甚至国内民众都以兴高采烈、欢欣鼓舞的态度期望巴黎和会能带来令人振奋的好消息。巴黎和会上的中国代表团表示：“中国政府并不是不知道这些问题不是由于这次战争而引起的。但是讲和会议的目的并不仅仅是与敌国缔结讲和条约，以公道平等、尊重主权为基础建设新世界，这是国际联盟宪章明确规定了的。这里提出的各种问题，如果不迅速解决，必定成为将来纷争的原因而扰乱世界和平。因此中国政府切望讲和会议在深思熟虑的基础上解决这些问题。”①饱受侵略和欺凌的中国，此时的心情仿佛溺水中挣扎之人抓住了最后一根救命稻草，心情之激荡可想而知。

---

① ［日］佐藤慎一著，刘岳兵译：《近代中国的知识分子与文明》，江苏人民出版社2011年版，第131页。

但是一厢情愿的美好期望，在帝国主义赤裸裸的利益追求面前被击得粉碎，使得中国仿佛从高高在上的云端一下子跌落到地上。"美国的背叛凸显了'公理战胜'的虚幻，对山东的处置则是'实际'而短期内无法挽回的；日本基本已成潜在的敌人，英国在退缩，法国时常独立，有着特别吸引力的新俄简直不容你不接近。"①对国人来说，特别是在半个世纪的屈辱中好不容易看到一丝希望，②但又从希望的云端重重摔到谷底，这种心理落差之大是难以承受的。曾一度代表着希望的西方模式，原来本质上亦是强盗逻辑的表现形式，路在何方？就在这种近乎绝望的境地中，俄国的十月革命在经过最初一段不清晰的传播后，似乎带来的是"雄鸡一唱天下白"的无限憧憬。

关于这一点，李大钊从社会改造的视角进行了深刻思考，他指出："欧洲大战酿成荒乱的现象，这种荒乱的教训及其荒乱复兴的预防，使人发不可不急谋改造的深省。改造的新局面，必为带着社会主义的倾向的局面，是确切无疑的。"③这种自信和确定，既是对西方失望后的真实心情写照，又是对俄国革命运动的热切期

---

① 罗志田：《激变时代的文化与政治——从新文化运动到北伐》，北京大学出版社 2006 年版，第 52 页。

② 陈独秀曾说："美国大总统威尔逊屡次的演说，都是光明正大，可算得现在世界上第一个好人。他说的话很多，其中顶要紧的是两主义：第一不许各国拿强权来侵害他们的平等自由。第二不许各国政府拿强权来侵害百姓的平等自由。这两个主义，不正是讲公理不讲强权吗？我所以说他是世界上第一个好人。"《每周评论》创刊号，1918 年 12 月 22 日。

③ 《李大钊文集》下卷，人民出版社 1984 年版，第 610 页。

望，以及在潜意识中对蕴藏其中的科学指导思想的认同。也就是说，资本主义有着自身所不能克服的内在矛盾，这种顽疾给社会和民众所带来的影响是致命的，只能由更先进的思想和制度才能带来解决的希望，这是李大钊等时代先进人物在认清了资本主义的本质后，对社会主义所给予的无限期望。

二、苏联社会主义的生动实践

尽管苏联已经作为一个历史名词与时代符号淹没在历史长河中，但其所具有的历史性意义已超越时空，被铭记在人类历史和社会发展史上。特别就科学社会主义实践和社会主义制度变革来说，苏联的存在是一种生动的诠释。关于这一点，在苏联诞生时就因其所具有的革命性而初见端倪。这自然要回溯到20世纪初，以列宁为代表的布尔什维克领导工农群众取得了十月革命的伟大胜利，随后在与国内外敌人的斗争中建立了世界上第一个无产阶级政权。我们姑且不论其对苏联人民的重大意义，仅从国际影响来看，其对资本主义阵营的打击是沉重的（这从主要帝国主义国家集合武装急于干涉俄国革命的举动是不难察觉到的）①，对世界上被压迫民族和国家的鼓舞是巨大的，以人类新纪元来形容确实反映了其所具有的象征性意义。

正如毛泽东所说："十月革命一声炮响，给我们送来了马克思

① 恩格斯在分析俄国沙皇政府外交政策的时候，曾有经典的判断："沙俄帝国是欧洲反动势力的主要堡垒、后备阵地和后备军。"（《马克思恩格斯文集》第4卷，人民出版社2009年版，第353页。）

列宁主义。十月革命帮助了全世界也帮助了中国的先进分子，用无产阶级的宇宙观作为观察国家的命运的工具，重新考虑自己的问题。”[①]从长时段的历史观来看，十月革命及马克思主义对中国共产党、中国人民来说确实是无比重要的。但毋庸讳言，当十月革命的消息传入国内时，国内民众对其的反映并不是很多人所想当然的直线发展，一开始即表现出欢欣鼓舞和欢呼雀跃，而是表现出了不理解，甚至充满了不少的批评和嘲讽。即使在将近一年后，基于不了解而产生的误解依然是舆论中的重要声音，如 1918 年 9 月 24 日的《申报》刊发《俄国过激派之失败》一文，尚以担忧甚至指责的语气指出俄国“新社会之设施尚未完成，而旧基础已破坏殆尽，商业停滞，工艺溃败，内乱蜂起，全国陷于可悲之境，而帝制及凶年乘时而起”[②]。其缘由不难想象。久在苦难中的国人，迫切想早日过上和平安定的生活，对俄国十月革命后一时的社会动荡，竟产生了难以言明的恐惧乃至抵制心理，对背后所蕴藏的马克思主义的态度也就不言自明了。1917 年 11 月 10 日，上海《民国日报》以《突如其来之俄国大政变》的报道极具代表性：

八日电：路透电社接俄京官立通讯社电报：谓美克齐美尔党（今译布尔什维克）占据都城，已四出[处]拘捕大员，此次主谋者为里林氏（今译列宁）。现里林氏要求即行休战媾

① 《毛泽东选集》第 4 卷，人民出版社 1991 年版，第 1471 页。

② 《俄国过激派之失败》，《申报》，1918 年 9 月 24 日。

> 和。军工代表会、革命军务委员会发表宣言书，谓俄京已入其掌握，并谓赖戍军之协助，因得不流血而告成专断政略，实可感慰。新政府即将提出公正之和议，并分土地与农民及召集民选国会。昨日下午军工代表会开特别会议，会长特罗兹基氏宣称临时政府不复存在，大员数人已被逮捕，临时国会业经解散。里林氏演说，提出俄国民治三大问题：（一）即行结束战局，新政府必须向交战国提议休战。（二）以土地给还农民。（三）解决经济困难。听者大为欢呼。全会继乃通过决议案，主张从速解决此数问题。会议将毕，军工代表会中美克齐美尔党代表宣读一文，不赞成专断政略，并宣告脱离彼得格勒军工代表会。①

此后，13 日开始，上海《民国日报》以《俄国大政变之混乱：极端派之政府才成立而又摇动》为题进行报道，援引俄京电、纽约电、伦敦电、巴黎电、华盛顿电、亚姆斯特丹电对俄国十月革命后的情况进行了连续报道，不难看出对十月革命及此后局面的关注。尽管此时，字里行间中尚难以反映出人们对俄国革命的明确认识和本质理解。

但随着时间的流逝，当俄国十月革命的代表性意义一旦被意识到后，尤其是对马克思主义有了一定了解后，人们对马克思主义及布尔什维克的亲近变得迫切起来。1918 年 1 月 1 日，

① 《突如其来之俄国大政变》，上海《民国日报》，1917 年 11 月 10 日。

上海《民国日报》的社论中已经出现了赞美之词，诸如“吾人对于此近邻的大改革，不胜其希望也”，释放出对革命的深刻认识以及羡慕希望之情。4 月 20 日出版的《劳动》第 2 号在发表的《俄罗斯社会革命之先锋李宁事略》(李宁今译列宁)中更是出现了这样的阐述：

> 李宁这个人，以后是失败，是成功，是好，是坏，我们姑且不必去论。就□着他的来历，以及他所做的事迹看起来，可以奉赠他七个字，叫做“适合了物理人情”。赠他这几个字的道理，就是因为他所抱的主义，是要这世界的人，男女都一样，贫富一班齐。诸位可知道这世界的人。现在除了俄国人刚要享着了这两句话的福之外，其余各国的人，所作所为，没有不是违背了这物理人情的。诸君如若不信，请在那天要亮的时候用手扶着心头想一想，就可以明白了。①

此种认识，实际上已经表现了社会变迁，即从俄国革命的理念、制度、实践的视角观察，特别是将其置于全人类社会的发展中，由此更透射出世界性的格局和视野，中国的融入其中自不言而喻。

---

① 持平:《俄罗斯社会革命之先锋李宁事略》,《劳动》第 1 卷第 2 号，1918 年 4 月 20 日。

毫无疑问,李大钊在这一方面发挥了具有历史性意义的重大作用。而此时的苏联,在发动欧洲革命遭受不断挫败后,基于其世界革命策略的需要,愈益重视民族国家革命的动员,向中国伸出了橄榄枝。[①] 尽管很少有人意识到苏俄背后理念及策略变动的缘由,但其向中国释放的尊重、坦诚和善意,让饱受资本帝国主义侵略的中国人感受到了久违的暖意,马克思主义在一定程度上成为希望的代名词。正如鲁迅所说:"先前,旧社会的腐败,我是觉到了的,我希望着新的社会的起来,但不知道这'新的'该是什么,而且也不知道'新的'起来以后,是否一定就好。待到十月革命后,我才知道这'新的'社会的创造者是无产阶级。"[②]鲁迅直面吃人的社会,从无产阶级领导的十月革命看到了解救中国的良方,以其特有的犀利笔锋试图唤醒国人。这种由迷茫到清晰的思想转变,在一定意义上正是国人思想轨迹的现实反映。而陈独秀等人更是以激动的心情呼吁要效仿苏联制定自己的救国方案:"要想把我们的同胞从奴隶境遇中完全救出,非由生产劳动者全体结合起来,用革命的手段打倒本国、外国一切资本阶级,跟着俄国的共产党一同试验新的生

① 1919年7月25日的《俄罗斯苏维埃联邦社会主义共和国对中国人民和中国南北政府的宣言》,1920年9月27日的《俄罗斯苏维埃联邦社会主义共和国政府对中国政府的宣言》,体现了崭新的社会主义国家的外交精神。

② 《鲁迅全集》第6卷,人民文学出版社1981年版,第18页。

产方法不可。"[①]这里,陈独秀的救国方案中已然涉及了革命运动的主体——生产劳动者,革命的手段——革命,革命的对象——资本阶级,革命的领导者——共产党,一系列原则性问题进行了基本阐述。先进的中国人已经敏锐地感觉到,用阶级斗争的观点分析救国中的策略问题,用革命的手段克服艰难险阻,也许是山重水复疑无路困境中的唯一选择,苏联革命模式给在救国道路上屡屡碰壁的中国人带来了无尽的希望。

自然,这种希望并不能产生立竿见影的社会功效,思想上的争锋依然是现实的存在。而就在思潮纷纭激荡之际,有一些声音至今听来仍耐人寻味,反映了大动荡年代思想认识上的反复。正如瞿秋白所说:"社会主义讨论,常常引起我们无限的兴味。然而究竟如俄国 19 世纪 40 年代的青年思想似的,模糊影响,隔着纱窗看晓雾,社会主义流派,社会主义意义,都是纷乱,不十分清晰的。"[②]透过现象认清事物的本质,本身就是一个复杂的历史过程。姑且不论别有用心者,即使那些以中华民族利益为重的时代先锋人物,对马克思主义的认识也会有一个发展的过程。何况,还有一点是应该引起注意的,中国人在寻求救国真理的过程中,已经经历了无数次过山车式的起起落落,其患得患失的心情恰是那个时代的真实写照。但无论如何,皆不

---

① 《陈独秀文集》第 2 卷,人民出版社 2013 年版,第 76 页。

② 瞿秋白:《赤都心史》,东方出版社 2015 年版,第 28 页。

能否定一个事实，即“十月革命毕竟开世界革命的先河，毕竟为全世界被压迫民众解放的起点……这当然给帝国主义以一个最巨大的创伤，同时却予各国被压迫的弱小民族以求自由解放的指南针，尤其给予中国革命以深厚的影响。”①当我们站在新时代的历史高度，用贯通历史与现实的眼光审视十月革命时，更易于理解其所具有的符号意义。

第二节 救亡图存的时代呼唤

认识国情乃是认识一切问题的关键，更何况是近代中国错综复杂的国情。而这一论断逐渐被先进的仁人志士认识践行，是一个充满着血与泪的坎坷过程。近世以来，在西方列强野蛮而强烈的暴力侵袭下，“所有这些同时影响着中国的财政、社会风尚、工业和政治结构的破坏性因素，到 1840 年在英国大炮的轰击之下得到了充分的发展”，②中国连续千年稳定但僵化的传统机制体制受到了极大挑战。中国的三千年未有之大变局，是中国救亡图存所首要考虑的现实国情，也是马克思主义传播的出发点和立足点。

一、救国思潮的屡屡受挫

自从西方资本主义国家凭借坚船利炮打开中国门户后，面

① 董必武：《董必武选集》，人民出版社 1985 年版，第 1 页。

② 《马克思恩格斯文集》第 2 卷，人民出版社 2009 年版，第 609 页。

对无尽的杀戮与屈辱，不甘屈服的中国人开始抗争，并在这一过程中不断思考，到底救国的道路在何方。虽然恩格斯对此充满着希望："过不了多少年，我们就会亲眼看到世界上最古老的帝国的垂死挣扎，看到整个亚洲新纪元的曙光"，[①]但这条道路上注定充满坎坷。

清朝地主阶级中的"有识之士"在西方侵略者坚船利炮的肆虐，及内部反抗运动的冲击下逐渐清醒，他们在苦闷中试图在固守中国封建伦理纲常，不改变封建文化根基与制度体系的前提下，以西方的近代科学技术作为应对前所未有危机的武器。林则徐在精英分子中之所以能成为"开眼看世界第一人"，就在于鸦片战争的失败使他原有的价值观念受到了巨大冲击和震动，而其后在东南沿海特别是西北边疆的亲身经历，更使林则徐加深了对虎视眈眈、包藏祸心的英、俄等侵略者的高度警惕，意识到了要改变观念加快变革的紧迫性。但作为封建王朝文化系统培养出的"杰出人物"，林则徐、魏源等人的高度、视野、格局依然未能摆脱时代的局限，坚守维护封建王朝统治的信条使得他们更多停留在"师夷长技以制夷"的表面认识阶段，既没有真正认识到西方工业文明的先进性与强大，又未从根本上认清西方侵略者的侵略本质。这种现实无疑是沉重的，"中国最优秀的思想家尚未辨明中国的方向，又是整个民族的不

① 《马克思恩格斯文集》第 2 卷，人民出版社 2009 年版，第 628 页。

幸”，寻求变革的道路注定举步维艰。

必须要提到在这期间对清朝统治造成沉重打击的太平天国运动。尽管学术界对洪秀全创立的拜上帝教及其领导的太平天国运动争议颇多，但无人能否认其在《天朝田亩制度》中所集中展现出的社会治理思想的重要性。《天朝田亩制度》以解决土地问题为中心环节，同时涉及政治、经济、文化、社会等各方面，描绘了一幅代表数千年以来农民所能畅想到的社会治理画面。不管我们对洪秀全如何评价，但有一点是值得重视的，他在对朴素的平均主义进行描述时，强调社会治理应该满足农民的根本利益诉求，去构建一个“有田同耕，有饭同食，有衣同穿，有钱同使，无处不均匀，无人不饱暖”的理想社会。因此，从几千年来最广大农民群体的利益诉求来说，无论学者是肯定太平天国运动还是对它有所质疑甚至否定，都不能否认《天朝田亩制度》所具有的重要意义，其出发点是对全体社会成员的关心和利益诉求的保护，“最基本原则是保护他们人民的安康，这使得那些欧洲所谓文明政府为自己的疏忽而感到羞愧”。① 这既是对“王侯将相，宁有种乎”“均田免粮”等历代农民起义思想的发扬，又代表着在欧风美雨侵袭下饱受封建主义与帝国主义双重压迫的农民阶级的心声。当然，没有经济基础的社会生活只能是如泡沫般美丽而虚幻的海市蜃楼，革命性中所蕴含的落

① 茅家琦:《太平天国通史》上册，南京大学出版社1991年版，第534页。

后因素更容易带来迷茫，既然不是先进生产力的代表，也就决定了“他们不可能单凭自己的力量找到一条取代封建制度的出路”，①所以洪秀全所畅想的理想社会注定是空想，《天朝田亩制度》在太平天国控制区域并没有真正实行，自然也不仅仅是因为严峻的战争形势。

此后，洋务运动在“自强”“求富”的旗帜下开启了具体向西方学习的步伐，也悄然开启了中国近代化的历程，但这一历程注定充满着太多的被动、茫然与反复。究其根本，无论是“借师助剿”的现实驱动抑或“中体西用”的宗旨，实则皆是地主阶级以维护封建王朝的统治与固守封建专制文化的地位为出发点，而对西方近代科学技术的盲目学习与对其侵略文化的茫然纠结在一起，更加重了这一探索历程中五味杂陈般的沉重味道。“轮船电报之速，瞬息千里；军器机事之精，工力百倍；炮弹所到，无坚不摧；水陆关隘，不足限制；又为数千年来未有之强敌”②，李鸿章对西方科技的信服其实已经预示了洋务运动的走向。甲午战争令国人难以接受的失败，引发了对踉踉跄跄退出历史舞台的洋务运动的深刻反思：试图在保留中国封建文化这棵大树主干上简单嫁接西方科学技术文化，毫无疑问是不能解决近代中国根本性问题的，更无从谈论政府对社会的治理。先以“自强”后以“求富”为口号的地主

① 陈旭麓：《近代中国的新陈代谢》，中国人民大学出版社 2012 年版，第 81 页。

② 李鸿章：《李鸿章全集》第 2 册，海南出版社 1997 年版，第 825 页。

阶级洋务运动，本质上还是试图把西方资本主义的技术枝节嫁接到封建主义的制度大树上，这种不触动封建统治者根本利益的自救运动，又未学到真正的西方技艺（我们似乎也没看到西方倾囊相授的迹象），其失败是自开始就已注定的了。

陈旭麓先生对洋务派和资产阶级维新派曾有一个比较，认为"前者只布新而不除旧，后者布新同时除旧"[①]。作为当时先进生产力的代表，资产阶级维新派终于在内忧外患的现实困境中走上了历史舞台。作为思想领袖，康有为因领导维新运动而闻名于世，但其对社会治理的想法集中在并未广为人知的《大同书》中。在《大同书》中，康有为首先表达出的是朴素的历史唯物主义，认为历史的发展要经过据乱世、升平世、太平世等三个阶段。而到了太平阶段后，人类社会将进入到一个大同世界。这个大同世界的治理将变得简单、直接，因为没有阶级、没有私有制、没有剥削压迫，人人平等，"无邦国，无帝王，人人相亲，人人平等，天下为公，是谓大同"。[②] 当然，囿于时代的局限性及自身的认识水平，康有为的理想注定是不切实际的空想。更何况严格意义上，《大同书》并不是维新运动的直接产物，但是，其又与维新运动息息相关。在戊戌政变受挫后欧美游历时，康有为有了一个较为宽裕地观察欧美社会的时间，而他得出的结论与其在维新运动中的主张

① 陈旭麓：《近代中国的新陈代谢》，中国人民大学出版社 2012 年版，第 123 页。

② 康有为：《大同书》，中州古籍出版社 1998 年版，第 71 页。

有着较大区别，这也反映在他对《大同书》部分内容的修改上。也因此，当我们以长时段的视角审视康有为的活动及对照《大同书》中的种种结论，有颇多耐人寻味之处。令人感慨的是，康有为是近代中国第一个描绘共产主义图景的思想家，梁启超则是第一个声称“社会主义必将磅礴于二十世纪”的近代思想家，不同于师徒二人所领导的政治运动的烟消云散，他们以特有的激情笔触给世人留下了关于理想社会的独特烙印。康有为、梁启超等人的资产阶级维新思想即使没有本质上的资本主义认识，但触摸到了世界资本主义的发展变化节奏，而自身难以克服的先天不足证明了其在改良的广度和深度上都存在着严重缺憾，使得维新运动只是成为昙花一现的少数人的狂欢，留下的只有沾满了志士鲜血的屠刀在挥舞。

继之而起的资产阶级革命派曾让很多人为之一振，孙中山以三民主义为号召举起了资产阶级革命的大旗，鼓舞着人们为救国而前仆后继地抛洒热血。孙中山横空出世，成为影响历史进程的重要人物，其在治理上关于社会大同的思想影响深远。孙中山认为：“民生就是人民的生活，这个问题就是社会问题，故民生主义就是社会主义，又名共产主义，即是大同主义。”①在孙中山对未来社会的勾勒中，社会大同将分为两个阶段：第一个阶段是民有、民享、民治的社会，将为人民谋取前所未有的福祉，这大抵是因袭美法民主革命的理念；第二个阶段是天下大同，即国家在未来消亡

① 孙中山：《孙中山全集》第9卷，中华书局1986年版，第355页。

后，世界各族人民将在一个平等、和谐的社会和平相处。特别是中华民国开创伊始，孙中山踌躇满志，认为要建设名副其实的中华民国，必须突出其中的“民”字，要以人民为中心，要保障人民的权利和利益，“这个情形，才是真民国。如果不然，就是假民国”。[①]令人遗憾的是，孙中山并未精准地把好中国社会问题的脉搏，对敌我势力也没有清醒的判断与足够的警惕，导致未能实现打倒列强除军阀的目标，在其过早离开人世后，关于政府治理的蓝图只能有待后来者描绘了。但这种薪火相传对救亡图存的意义是巨大的，“社会仍是这样黑暗，现在的青年要彻底明白旧社会的罪恶，立定不屈不挠奋斗的志向，决不反被旧社会战胜。中国的改造，才有望咧！”[②]这既是对以往斗争的总结与反思，也是对后来者无比殷切的期望。但令人遗憾的是，建立在烈士鲜血基础上的资产阶级共和国并未完成彻底的反帝反封的历史重任，革命理念不彻底的弊端以及封建守旧势力的顽固进攻，导致了阵痛与挫折的反复。

历数这些或让人振奋，或让人感慨，或让人心酸，或让人无奈的反侵略抗争，其结局均告失败，究其原因，很重要的一点是他们在“本体”纠结中，既对西方所展现出来的乱花迷眼式的繁华心向往之，又看不到西方的文化和科技并不见得符合中国的实际需求，理念的误区使得行动也多成为镜花水月。

① 孙中山：《孙中山全集》第11卷，中华书局1986年版，第331页。

② 何孟雄：《何孟雄文集》，人民出版社1986年版，第2页。

对此，毛泽东有着深刻的总结："从 1840 年的鸦片战争到 1919 年的五四运动的前夜，共计 70 多年中，中国人没有什么思想武器可以抗御帝国主义。旧的顽固的封建主义的思想武器打了败仗了，抵不住，宣告破产了。不得已，中国人被迫从帝国主义的老家即西方资产阶级革命时代的武器库中学来了进化论、天赋人权论和资产阶级共和国等思想武器和政治方案，组织过政党，举行过革命，以为可以外御列强，内建民国，但是这些东西也和封建主义的思想武器一样，软弱得很，又是抵不住，败下阵来，宣告破产了。"[①]显然，毛泽东在对救国道路上的探索进行回顾时，深刻指出了思想武器的重要性，指出了以往的阶级阶层或是没找到思想武器，或是找错了思想武器，自然就无从谈起对社会的根本改造了。需要引起我们注意的是，作为后来团结带领人民走出革命新道路的伟人，毛泽东本人在救国的道路上也曾经迷茫和犹豫，他曾有过的亲身体会，让他在总结救国经验教训时更为理性，也让我们意识到那个时代的多重变奏与历史面相。

翻阅鸦片战争后半个多世纪的历史画卷，我们从只知以器物、制度救国到寻求理论救国，这不仅仅代表了救国意识的发展变化，也更鲜明地反映出民族危机的日益加深。也就是说，亡国灭种的危机始终笼罩在国人头顶，拨云见日需要思想的启蒙和理论的指导，需要先进政党的出现，带领、唤醒沉睡中的国人去为民族的命运而抗争。马克思曾指出："理论在一个国家实现的程度

① 《毛泽东选集》第 4 卷，人民出版社 1991 年版，第 1513—1514 页。

决定于理论满足这个国家需要的程度。”①中国需要什么样的理论？一次次抗争，一次次失望，无数仁人志士在“踏平坎坷”的路上苦苦探索。而这个历史重任，在山重水复疑无路之际，注定将由人类历史上从未有过的科学理论——马克思主义来承担了。这也意味着连续递进的阶段式演变已经呈现，“第一阶段——从1861年至1895年的自强运动——在外交与军事现代化方面做了粗略的尝试；第二阶段——从1898年至1912年的变法与革命时代——是接受西方政治体制的时期。1917年至1923年的思想觉醒，标志了从传统的中国基础向完全西化的进一步转变”。② 需要注意的是，阶段之间自然不是截然不同的断裂，而是存在必然的延续，充分注意到上面所提到的时间节点，又跨越这些时间节点，是我们对救国思潮及其实践历程的理智审视。

或许正是因为这屡次的挫折，很多先进人物在俄国十月革命后，经历了不理解后，又对这种引起了社会剧烈变化的革命运动寄予了无限期望，尽管当时很多人对马克思主义还未有本质上的深刻认识。但随着时间的流逝，越来越多的人意识到：“俄国这次的社会革命，决不只是一俄国人底事，也决不只是一俄国底事，也决不是表示发生社会革命的环境只在俄国成就了；乃是全世界人

① 《马克思恩格斯全集》第1卷，人民出版社1995年版，第462页。

② ［美］徐中约：《中国近代史：1600—2000，中国的奋斗》，世界图书出版公司北京公司2013年版，第385页。

都要推翻资本主义了的表现，也是发生社会革命的环境在全世界已经成就了的表现。”[①]虽然和革命直接联系的还是社会主义，马克思主义仍属于需要深度挖掘的革命指导思想，但不知不觉间，先进的中国人已然把俄国当成了救国思潮的策源地。

二、无产阶级队伍逐渐壮大

在救国思潮的蓬勃发展中，无产阶级的产生和发展成为历史的重要内容。中国的特殊国情决定了无产阶级独特的孕育背景和成长轨迹，也因此影响了中国救亡运动的开展。19 世纪 60 年代，就在所谓的清朝“同光中兴”开启之际，中国的产业工人出现了，其来源主要有三个：西方资本主义在华兴办的工业企业、洋务派兴办的洋务企业和民族资本主义工商业。这种特殊的社会背景，使得中国工人阶级自从诞生以来，就因其鲜明特性而成为历史舞台上的独特力量。从阶级属性上说，它深受资本帝国主义、封建主义和官僚资本主义的多重压迫，受压迫最深同时意味着革命性最强；从地域上说，它主要集中于上海、武汉、天津、广州等地的铁路、纺织、面粉等行业，区域性与职业性使得其便于组织和动员；从成员身份上说，它的人员来源主要是破产的农民和家庭手工业者，与农民阶级有着天然联系，便于形成具有共同利益的坚定联盟。这三个特性，决定了中国无产阶级与生俱来的气质和特性，注定其在未来的革命运动中将发挥独特的伟大力量。

① 汉俊：《中国底乱源及其归宿》，上海《民国日报》副刊《觉悟》增刊第 1 张，1922 年 1 月 1 日。

随着时间的推移，产业工人的数量逐步增加，整个阶级的力量和觉悟也随之发展壮大。特别是19世纪末帝国主义侵略的加剧，伴随着帝国主义在华投资设厂的扩大，使得产业工人呈现了一个急剧增加的非常态的爆发。在粉碎了帝国主义的瓜分狂潮后，产业工人队伍获得了发展壮大的空间。特别是第一次世界大战期间，趁主要资本主义国家无暇东顾之际，中国民族工业获得了难得的发展契机，产业工人获得了一个难得的快速发展的高峰期。“到1919年，工厂达1759家，产业工人由1913年的约100万人增至1919年的200万人左右，此外，中国还有1200万城市手工业雇佣劳动者和店员，10多万陆续回国的华工。”①毫无疑问，工人阶级已经成长为一支不容忽视的颇具力量的政治势力。特别重要的是，在工人阶级数量急剧增加的同时，其在思想启蒙的影响下，对社会现实的认识及斗争的方向逐渐有了质的改变，表现在政治性上有了强烈的时代色彩。

关于这一点，毛泽东从革命运动的视角指出：“中国工人阶级，自第一次世界大战以来，就开始以自觉的姿态，为中国的独立、解放而斗争。”②工人阶级的这种蕴含着明确政治目的的斗争，仅凭自身的理论储备显然还难以适应革命斗争的需要，无疑急需先进理论的指导，需要先进的马克思主义政党的领导。但在当时

① 苗建寅主编：《中国国民党史（1894—1988）》，西安交通大学出版社1990年版，第103页。

② 《毛泽东选集》第3卷，人民出版社1991年版，第982页。

纷繁复杂的社会思潮中,显然没有能担此时代重任者,历史呼唤一种能够反映人类发展方向和科学路径的新思想。从马克思主义的立场来说,工人阶级的这种政治诉求,标志着马克思主义传播的阶级基础已然形成。

而对于马克思主义来说,其对工人阶级的动员和领导又是理论与历史的必然。沧海横流方显英雄本色,时代终会将历史使命赋予最合适的人选。马克思指出:"在当前同资产阶级对立的一切阶级中,只有无产阶级是真正革命的阶级。其余的都随着大工业的发展而日趋没落和灭亡,无产阶级却是大工业本身的产物"。① 这对20世纪初的中国来说具有重要的指导意义,一方面阐明了无产阶级孕育的社会背景,一方面指出了无产阶级基于阶级属性的使命担当,社会革命的主导力量已然逐渐成熟。

第三节　思想启蒙和社会变革中的文化运动

对马克思主义的传播来说,新文化运动所产生的影响是不可替代的。新文化运动作为近代历史上具有广泛影响和深远意义的思想解放运动,反旧倡新是其主要特征,而这恰是社会变革所急需的。"变革政治,首须变革社会,变革社会,首须变革人心。消极方面,必须涤荡违背时代的、保守的旧观念、旧信仰、旧人生观,亦即旧文化。积极方面,必须建设适合时代的、进步的新观

① 《马克思恩格斯选集》第1卷,人民出版社1972年版,第282页。

念、新信仰、新人生观，亦即新文化。”[1]政治、社会、人心交融，恰是一个社会发展所必需的关键性因素，并由此形成了结构性系统，对旧观念的猛烈冲击和对新观念的大力宣扬势必成为社会发展中激荡的画面。

回到那个知识分子意气风发的年代，至今仍令人激动和思考。新文化运动以民主和科学为口号，集聚了一批具有先进思想和斗争精神的知识分子，向千年以来根深蒂固的旧思想旧文化发起了猛烈攻击，对西方资本主义的思想文化进行大力宣教。“要拥护那德先生（民主），便不得不反对孔教、礼法、贞节、旧伦理、旧政治；要拥护那赛先生，便不得不反对旧艺术、旧宗教；要拥护德先生又要拥护赛先生，便不得不反对国粹和旧文学。”[2]民主与科学的阵地建设，必然要摧毁旧式封建礼教的阵地。毋庸讳言，尽管新文化运动受限于时代及先进分子们难以回避的认知能力，在很多方面存在不足及缺憾，例如没有从社会制度和经济技术层面认识到中国落后的根源，在方法论上存在着绝对肯定和绝对否定的倾向，等等，但其所特有的思想解放特质是不会因此而削弱的。

因此，从陈独秀举起新文化运动的大旗以来，不管是其自身还是身边的战友们，诸如李大钊、鲁迅、胡适等，皆体现出这种反旧倡新思想解放的特征。陈独秀在《敬告青年》中鲜明表现出了

---

① 郭廷以：《近代中国史纲》，中华书局 2018 年版，第 391 页。

② 陈独秀：《本志罪案答辩书》，《新青年》第 6 卷第 1 号，1919 年 1 月 15 日。

这种理念，并从救亡图存的角度提出了新青年要具有“自主的而非奴隶的、进步的而非保守的、进取的而非退隐的、世界的而非锁国的、实利的而非虚文的、科学的而非想象的”六条标准。标准中肯定与否定的对立统一，反映出新文化运动的鲜明特征，以及对“新”青年的无限期望。在一定程度上说，陈独秀既是在试图唤醒时代青年，又表现出站立在时代潮流前端的先进人物对世界潮流的精准判断，以及自身所具有的思想革新，同时这一点在他并肩战斗的同人那里也表现出来。

旗手们的思想和行动，推动着新文化运动在思想启蒙和社会变革等方面发生了质的变化。新文化运动之所以在历史上被铭记，对民族和国家产生了难以估量的巨大影响，和一个“新”字是分不开的。“一个民族要想站在科学的最高峰，就一刻也不能没有理论思维。”①这对于被侵略蹂躏，处于沉沦中的中华民族来说何尝不是如此？新的理念、新的内容、新的形式、新的平台、新的渠道，整个运动呈现出了全新面貌。社会的进步青年被民主和科学的思想进行了一次相对来说较为彻底的洗礼，社会风气为之焕然一新。破除思想束缚、坚定思想解放、寻求开放救国成为无数心存救国情怀的仁人志士的共同追求，接受马克思主义的思想条件已然具备。

对此，著名历史学家郭廷以有一段经典论述：“1915 年至 1918 年，为新文化运动的第一期，几乎是倾全力于思想解放；1919

① 《马克思恩格斯文集》第 9 卷，人民出版社 2009 年版，第 437 页。

至1921年，为第二期，几乎是倾全力于宣扬西方思想，凡是中国所无，前所未闻的学说主义，无不视为救世良药，尽量输入，一律欢迎，尤喜爱新鲜而有刺激性的各种社会主义，近于一种宗教热。”[①]郭廷以对新文化运动进行了两段式划分，以思想解放和学说主义分别概述前后两段的主题，在很大程度上揭示出一场思想解放运动的发展轨迹。在一定程度上说，这客观说出了新文化运动为马克思主义传播所做的思想准备。

有学者认为新文化运动的主要成功，在于“引进了西方的思想和摧毁了中国的传统，而不是创造了新的思想体系和新的哲学学派。批判性地重估中国与西方的文明来锤炼一种新文化，这一公然的做法，只是激起了一系列争论和论战，而没有创造出新文化。但是，却为创造性地采用外国的观念和体制，以处理中国的局势，奠定了基础”。[②] 从历史的发展来说，新文化运动不仅仅是“引进”与“摧毁”，不仅仅是引起了一系列的争论和论战，其在新观念新思维的构建上起到了历史性作用。尤其令人感慨的是，正是在这种争论和论战中，真理越辩越明，马克思主义的科学性被越来越多的时代青年意识到，也使得新文化运动在后期演化成以陈独秀、李大钊为首的宣扬马克思主义的阵营，以及以胡适等人为首的宣扬资本主义的阵营。

---

① 郭廷以：《近代中国史纲》，中华书局2018年版，第391页。

② ［美］徐中约：《中国近代史：1600—2000，中国的奋斗》，世界图书出版公司北京公司2013年版，第386页。

必须指出的是,新文化运动在和五四运动结合后,焕发出更为猛烈的思想解放力量。对此,瞿秋白曾指出:“当时爱国运动的意义,绝不能望文生义地去解释他。中国民族几十年受剥削,到今日才感受殖民地化的况味。帝国主义压迫的切骨的痛苦,触醒了空泛的民主主义的噩梦。学生运动的引子,山东问题,本来就包含在这里。工业先进国的现代问题是资本主义,在殖民地上就是帝国主义,所以学生运动倏然一变而倾向于社会主义,就是这个原因。”[①]历史的发展也证明,五四运动后,经过新文化运动思想启蒙的人们对马克思主义的认识已经发生了巨大变化。我们常谓五四运动是彻底的反帝爱国运动,爱国主义热情的爆发,与帝国主义的侵略和强权联系在一起,反映出对马克思主义的内在需求。当时“五四北京学界全体宣言”[②]呐喊道:

现在日本在万国和会要求并吞青岛,

管理山东一切权利,就要成功了!

他们的外交大胜利了!

我们的外交大失败了!

山东大势一去,就是破坏中国的领土!

中国的领土破坏,

① 瞿秋白:《瞿秋白文集·文学编》(1),人民文学出版社 1985 年版,第 26 页。

② 李泽厚:《中国现代思想史论》,天津社会科学院出版社 2003 年版,第 8 页。

中国就亡了！
所以我们学界今天排队，
到各国公使馆去要求各国出来维护公理，
务望全国工商各界，
一律起来设法开国民大会，
外争主权，内除国贼，
中国存亡，
就在这一举了！
今与全国同胞立两个信条：
中国的土地可以征服而不可以断送！
中国的人民可以杀戮而不可以低头！
国亡了！同胞起来呀！

在一定程度上说，马克思主义的传播已是“万事俱备，只欠东风”，这个“东风”，自然就是先进的时代人物，就是中国共产党。这实际上已经勾勒出了五四运动以后一种具有历史性意义的发展变化，即“知识分子为了反军阀、反侵略，对于西方的各种思潮、学说与主义，毫不选择地向国内输入，逐渐分为两个壁垒。一个认为应取法英、美，遵照自由、民主、科学之路，循序渐进；一个认为应取法苏俄，采行共产党的有效办法、远大理想，作根本解决。前者声势虽盛，而议论纷纷，始终不曾形成一个联合阵线；后者坚定勇猛，步骤齐一，已有共同组织。不过一般社会人士，倾向自由、民主、科学的仍居绝大多数”。[1] 显然，在这种发展变化中，已经显现出诸多足以影响全局的一些特征，无论是取法西方各行其是的涣散，还是倾向马克思主义的团结组织，既代表着各自的选择，又影响着后续的发展。而绝大多数社会人士对自由、民主、科学的赞同和向往，对于马克思主义传播阵营来说意味着什么，已经是不言而喻的事。最后，我们不妨看一段《我剪发的经过》中颇具时代特色的描写，以此感受那个大变革的社会背景：

> 第二天，我母亲已经把舅父请来了，把这件事同他商量。他是满清一个举人，当然照着举人所见的道理，先就大骂我一阵，然后同我母亲一路到我房里，质问我。他问的话，我记不清了，不过本诸孔孟之道罢了。我也不让他，一一地把他驳了。后来他道理穷了，只好站起来发作道：又不是我的女儿，我管你做什么？说了一抽身走了。我母亲又骂我一会子，最终还说，无论如何我不准。……
>
> 我回家，我母亲见我剪了发，果然大哭大闹，并且辞别神主，要去自杀。
>
> 这时成都首先突破剪发禁关的，是益州女学、蓉城女学、女子实业学校的几个学生，接着响应的人渐渐多了。

① 郭廷以：《近代中国史纲》，中华书局 2018 年版，第 394—395 页。

封建地主阶级不让女子有剪发的自由，认为这是女子造反，用尽了百般手段来威胁禁止。1921年，军阀刘存厚手下的省会警察厅竟张贴皇皇布告，禁止剪发，《半月报》提出反对，警察厅竟把它明令查封了。五四运动中查封报馆，这还是第一次，而罪状是为了反对禁止剪发……

男女同学问题在当时最迫切的，是女子没有入高等学校的机会，自然最根本的还是如剪发一样，是人身自由问题。当时代表封建地主阶级的《国民公报》，在其"虚虚实实"栏，竟有署名"笑声"的，对男女同学做出这样无耻的污蔑：

"既可同板凳而坐，安可不同床而觉？什么是男女同校，明明是送子娘娘庙。"……①

① 张秀熟：《五四运动在四川的回忆》，《五四运动回忆录》，中国社会科学出版社1979年版，第882页。

第二章　传播主体的河北区域考察

在我们深入了解了马克思主义传播的历史背景，特别是从纵向横向的比较视野中有了更为客观全面的认识后，必须对传播主体进行讨论了。我们所说的传播主体不是无意识或是对马克思主义尚未服膺的传播，而是主动积极地基于救国救民的传播。当然，这不意味着说这些传播主体一接触马克思主义即发生了理解认同上的质变，他们自然也有一个发展演变的过程。而一旦早期传播主体在众多思潮中选择了马克思主义，并越来越深信这是救国的唯一主张，他们中绝大多数人即开始了注定布满荆棘的奋斗之路。他们研读马克思主义，宣传马克思主义，从自发到自觉，进而推动更多的人从了解接受到为这一科学理论终生奋斗。在河北，与其他地区类似的是，传播主体的自身演变及传播工作的开展推动着革命形势向前发展。从传播主体思想变化和实践活动来看，大体上可分为两大类：一是代表性人物李大钊独一无二的开创性传播，一是其他先进分子的传播。但无论哪种传播主体，皆在这一历史过程中发挥了难以替代的独特作用。

第一节　李大钊示范引领作用的历史回顾

在对马克思主义的传播上，我们看到的是一个个活跃在时代舞台上的人物，他们无不是屹立于时代潮流之端的先进知识分子。对此，瞿秋白有着一段清晰的回忆："五四运动之际，《新青年》及《星期评论》等杂志，风起云涌地介绍马克思的理论。我们的前辈：陈独秀同志，甚至于李汉俊先生，戴季陶先生，胡汉民先生及朱执信先生，都是中国第一批的马克思主义者。"① 在这里，一个个名字背后是他们在马克思主义传播上的努力和探索。我们或许已经注意到，瞿秋白并没有提到李大钊的名字。这自然不是有意疏漏，恰恰是从另一个角度对李大钊开创性传播马克思主义的肯定。历史无比清晰地昭示，不仅为河北独有，而且在当时中国的先进分子中，无论是从开拓性上还是从影响力上，李大钊皆是具有标志性意义的人物。我们从李大钊的自述中或者更确切地说是内心独白中，不难感受到民族大义下传播者的那种决然："钊自束发受书，即矢志努力于民族解放之事业，实践其所信，厉行其所知，为功为罪，所不暇计。"②

---

① 瞿秋白：《瞿秋白论文集自序》，《中国近代哲学史资料选编》第 4 卷，上海社会科学院出版社 1989 年版，第 45 页。

② 《李大钊传》，人民出版社 1979 年版，第 215 页。

从一定意义上说，李大钊对马克思主义的传播，典型地反映出中国人寻求与传播真理的心路历程。

一、率先举起马克思主义传播的大旗

作为远离欧风美雨侵袭的冀东乡村少年，李大钊自幼即接受传统思想文化的教育，读书、赶考、中状元的情结也许在自幼父母双亡的心灵中显得更为强烈。在李大钊的懵懂意识中，从《三字经》《百家姓》等的启蒙到对四书五经等的思考，对传统文化的认知、思索乃至自豪是逻辑生成的自然结果（这种影响甚至是终生的）。然而，中国传统文化在长时段的繁荣昌盛背后所隐藏的危机，自近世以来逐渐地暴露于世人面前。和无数先贤及有识之士一样，李大钊也逐渐认识到了这一点，并在一度苦闷、彷徨后进行了反思。

近世以来对国运衰败之因的考证多令人茫然沮丧，李大钊认为“晚近士风偷惰，志节荡然”，而“满清所以苟延末运将三百年者”，就在于“人心之颓丧为之也”①。他指出，人心的颓丧与坚船利炮下的惊慌失措有关，但根源于伦理道德和思想文化的缺失，国人不得不面对的现实是：“孔子之道，施于今日之社会为不适于生存，任诸自然之淘汰，其势力迟早必归于消灭”，曾为至圣先师、万世师表的孔子“而无如其人已为残骸枯骨，其学说之精神，已不适于今日之时代精神何也！”②因此李大钊指

① 《李大钊全集》第1卷，人民出版社2006年版，第29页。
② 《李大钊全集》第1卷，人民出版社2006年版，第247页。

出，饱受儒家等传统文化影响的中国社会已经走到了危机四伏的境地，“哀莫大于心死，痛莫深于亡群。一群之人心死，则其群必亡”，尤其痛心的是“今人但惧亡国之祸至，而不知其群之已亡也。但知亡国之祸烈，而不知亡群之祸更烈于亡国也。群之既亡，国未亡而犹亡，将亡而必亡。亡国而不亡其群，国虽亡而未亡，暂亡而终不亡”[①]。显然，李大钊认为群体意识的迷茫是近代社会沉沦的重要原因，也意味着“争取民族独立和人民解放”与“实现国家富强、人民富裕”的任务丢失了科学的理念信仰和精神导向。当然，李大钊在对当时的传统文化所处之窘境进行反思时，并未全盘否定而丧失信心，他指出思想的困惑“或者盛衰剥复之几，此暂见之小波澜，正为多难兴邦”，“惟国民勿灰心，勿短气，勿轻狂躁进，困心衡虑，蕴蓄其智勇深沉刚毅果敢之精神，磨炼其坚忍不拔百折不挠之志气，前途正自辽远”[②]。然而，具体的路该怎么走？李大钊茫然四顾之际，又似乎看到了一线曙光。

毫无疑问，李大钊是中国第一个举起马克思主义大旗的人。这种“旗帜的举起”，内含着理论和实践上的双重审视。自然，这需要一个过程，这既是一个自然过程（时间的自然流逝），更是一个社会过程（实践所发生的深刻变化）。无论是在李大钊少年时期，或者在北洋法政专门学堂求学期间，对马克思主

① 《李大钊全集》第1卷，人民出版社2006年版，第88页。

② 《李大钊全集》第1卷，人民出版社2006年版，第134页。

义尚知之甚少，甚至可以说是未在其思想上留下任何涟漪。但李大钊在对民族国家命运的忧思上，有的地方是和马克思主义不谋而合的，1914 年 8 月 10 日，李大钊在《风俗》一文中曾说："盖群云者，不仅人体之集合，乃具同一思想者之总称。此种团体，实积有暗示力与暗示于他人者之层级而结合者。结合之容愈扩，暗示之力愈强。"[①]李大钊对群体的民族国家意识的思考，与马克思主义的人民观具有天然的契合性。

尽管日本在近代中国所遭受的苦难中，负有不可推卸的侵略责任，甚至一度让中国面临着亡国灭种的危险，但其国内思想文化的发展，却在客观上为那些赴东洋寻求救国出路的人们提供了机会与可能。这包括了陈独秀、李大钊、鲁迅等人。严格上说，李大钊是在日本留学期间，通过阅读早期社会主义思想的传播者河上肇、幸德秋水等人的著作，开始接触、学习马克思主义的，并敏锐地意识到了这一思想的重要性。回国后，李大钊迅速投身于思想文化界，以犀利的笔锋宣传着进步思想，鼓动时代青年们积极行动起来。李大钊的思想在新文化运动中经历了重大变化，特别是俄国十月革命后，李大钊逐渐认识到了马克思主义对人类社会包括中国的巨大影响，开始尝试用尚未完全掌握的马克思主义的立场、方法和观点观察社会，成为中国最早的马克思主义者。

① 《李大钊全集》第 1 卷，人民出版社 2013 年版，第 88 页。

也就是说，马克思主义在中国的传播是与俄国十月革命紧密联系在一起的。中国人对十月革命的看法，经历了惊愕、谴责、肯定、颂扬等错综复杂的转变。在这其中，李大钊是少有的保持着清醒头脑的思考者。我们不难发现，在俄国十月革命的消息传入中国初期，李大钊并没有马上鼓吹。在经过相对长时段的"冷眼旁观"后，李大钊对俄国十月革命和马克思主义有了较为深刻的认识，即发出振聋发聩的呼声。1918 年 7 月，李大钊在《法俄革命之比较观》中充满热情地说："俄罗斯之革命是二十世纪初期之革命，是立于社会主义上之革命，是社会的革命而并著世界的革命之采色者也。"①在李大钊这篇第一次宣扬马克思主义的文章中，显示出其初始即认识到俄国革命的象征性意义，而且是从人类历史的角度大声进行赞美和宣扬。在这第一篇马克思主义宣言后，无论是中国形势抑或世界局势都有着很大变化，推动着李大钊的思考不断深入。1918 年 11 月《庶民的胜利》中，李大钊指出，对"'大……主义'失败，民主主义战胜的政治结果和资本主义失败，劳工主义战胜"的社会结果欢呼的"不是那一国的军阀或资本家的政府，是全世界的庶民。我们庆祝，不是为那一国或那一国的一部分人庆祝，是为全世界的庶民庆祝"②。这里，李大钊已经认识到了革命的力量源泉在劳动人民那里，在联合起来的全世界劳动人民那里，

① 《李大钊文集》上卷，人民出版社 1984 年版，第 573 页。

② 《李大钊全集》第 2 卷，人民出版社 2006 年版，第 254 页。

也因此注定了封建军阀和资本家失败的命运。过了不到一个月的时间，李大钊在《Bolshevism的胜利》中已经对Bolshevism做出了“多数”的判断，更描绘了一幅“由今以后，到处所见的，都是Bolshevism战胜的旗。到处所闻的，都是Bolshevism的凯歌的声。人道的警钟响了！自由的曙光现了！试看将来的环球，必是赤旗的世界！”[①]的画面。这种革命乐观主义精神，在当时苦苦挣扎的国民那里，其所燃起的希望之火所具有的重大意义，是我们能想象的。

李大钊不仅通过笔杆子表达着对马克思主义的深入了解和传播，而且在主编《晨报》副刊期间，利用较为有利的身份为马克思主义的传播建立了平台，并在五四运动所引起的风云变幻之际，于1919年5月开辟了“马克思研究”专栏，集中宣传马克思主义，极大满足了知识分子和新青年对真理的渴望。必须注意的是，李大钊在与知识界的交流与碰撞中，其对马克思主义的认识也在逐渐深化，他也迫切希望青年们能发挥自身不可替代的历史作用。实际上，无论是古今中外的历史，还是近代以来中华民族御侮救亡的历程，都昭示着青年在社会变革中不可替代的独特作用。经过新文化运动洗礼的李大钊，对此有着深刻的体会和认识。7月，李大钊主编并出版《少年中国》杂志，以马克思主义的视阈提出了一个“少年中国”的理想，向新

① 《李大钊全集》第2卷，人民出版社2006年版，第263页。

潮中的青少年发出了时代的呼唤。也就是这年秋季，毛泽东经杨昌济介绍，在北京结识了李大钊，被李大钊安排在北京大学图书馆做助理员，后又经李大钊介绍加入了“少年中国学会”。可以说这一时期，无论是所发表的宣传马克思主义的文章，还是近距离的言传身授，李大钊都对青年毛泽东产生了巨大影响，集中反映了李大钊对青年人的影响。

1919 年下半年，李大钊在《新青年》第 6 卷第 5、6 号发表了他的宣言式文章《我的马克思主义观》。这是中国第一篇全面系统地阐述马克思学说的重要文献，也是马克思主义在中国传播的第一个重要成果。特别是李大钊在其中对马克思主义三个组成部分的界定及解读，令人印象深刻：“一为关于过去的理论，就是他的历史论，也称社会组织进化论；二为关于现在的理论，就是他的经济论，也称资本主义的经济论；三为关于将来的理论，就是他的政策论，也称社会主义运动论，就是社会民主主义。”①不仅仅《我的马克思主义观》，也包括此后一系列极具思想启蒙色彩的文章，较为系统地阐述了李大钊对马克思主义的深刻理解和思考，引领着思想界对马克思主义产生了极大关注及针对性研究。之所以这样定义《我的马克思主义观》，或许基于三个原因：一是李大钊对马克思主义的哲学、政治经济学和科学社会主义进行了较为全面深入地介绍，这是有别于以往很

① 《李大钊全集》第 3 卷，人民出版社 2006 年版，第 18 页。

多浅尝辄止或片面介绍的；二是表现了李大钊独立思考、实事求是的精神，特别是考虑到当时思想纷纭、人心易动的环境，这是只有思想先驱者才能体现出来的可贵精神；三是这篇不朽的文献影响了一大批先进青年，为马克思主义在青年群体中的传播起到了巨大的推动作用。

随着身边服膺马克思主义的有为青年逐渐增多，李大钊意识到需要建立社团，以群体的组织力量推动马克思主义更广泛地传播。1920 年 3 月，李大钊在北京大学秘密发起组织了“马克思学说研究会”，主要成员有邓中夏、高君宇、何孟雄、朱务善、罗章龙等五四运动的骨干与积极分子。作为中国最早学习和研究马克思主义的团体，该研究会在马克思主义的传播上发挥了示范作用，引领着先进的人们重新审视中国革命的道路，并为党的建立进行了组织和人员上的准备。而李大钊在其中所起到的指导、组织和榜样作用是具有历史性意义的。在研究会及青年工作中，李大钊特别强调青年人对理论的学习，1922 年 2 月，李大钊在北京大学马克思学说研究会发表《马克思的经济学说》演讲时，明确指出：“倘若各位能于读书之余去研究马克思的学说，使中国将来能够产出几位真正能够了解马克思学说的，真正能够在中国放点光彩的，这实在是我最大的希望。”①这既是马克思主义传播的客观要求，又是中国青年运动

① 《李大钊文集》第 4 卷，人民出版社 1999 年版，第 179 页。

的现实需求，而中国革命此后取得的成就及遇到的曲折，也证明了李大钊这种深邃洞察力的重要历史价值。就在这种环境中，此后成立的各类社团组织，确实产生了不少马克思主义研究的成果，如共学社在1922年出版的马克思研究丛书，包括柯祖基的《资本论解说》和《文化史上底马克思》、郭泰的《唯物史观的解说》、纳肯的《马克思派的社会主义》、燕格士的《空想的与科学的社会主义》、河上肇的《马克思社会主义理论的体系》、堺利彦和山川均的《马克思传》、格华尼芝的《马克思呢？康德呢》、柏伦修泰因的《修正派社会主义》等著作。这些著作侧重点不同，但是显示了当时学人对马克思主义的态度和解读，对求知若渴的青年来说是珍贵的精神营养。

正如前面反复强调的，在传播马克思主义的过程中，李大钊率先举起了大旗，影响着大批满腔救国热情的青年实现了思想转向。林伯渠回忆道："约在1918年3—4月，连续接到李大钊同志几次信，详细给我介绍了十月革命情况及一些小册子、文件，并对目前中国形势阐述了他的所见，得到很大的启发。如何联系群众，如何组织军队，在实际生活中有些新的认识。"[①]作为中共元老的林伯渠，其回忆中反映出的不仅是李大钊在知识学习上的指导作用，而且涉及了具体组织动员工作，显示出李大钊在宏观指导和微观亲力亲为上的结合。朱务善

① 林伯渠：《党成立时期的一些情况》，《共产主义小组》(上)，中共党史资料出版社1987年版，第192页。

在回忆1920年春见李大钊时表达着类似的情感:"第一次和守常同志见面,给我的印象非常深刻,他确是热爱青年,特别是热爱学习马克思主义的青年,同那时北大的一些所谓名流学者相较,截然不同。"①在一定程度上说,这种对比更能呈现出李大钊在当时的作用及影响。对马克思主义的传播,这既是历史赋予李大钊的机遇与责任,也是近世以来中国将近百年救亡图存运动使然,尽管前进路上注定布满荆棘和坎坷。

李大钊在推进马克思主义中国化的过程中,主要从历史背景、文化语境与革命模式三个维度进行了思考。所谓历史背景,亦即中国自鸦片战争以来的社会环境,主要表现为无数仁人志士和先进分子所苦苦追寻救国之路的探索。当一次次希望与努力被无情的现实粉碎时,国人于彷徨迷茫中听到了"十月革命一声炮响",结果惊喜地发现"给我们送来了马克思主义"。马克思主义对西方资本主义的无情批判和对未来社会的科学预见,对饱经苦难折磨的国人来说无异于雪中送炭,而且经过俄国的成功实践更增添了其所具有的独特魅力。李大钊的"必须有一个根本解决,才有把一个一个的具体问题都解决了的希望"②之呼声,正是对马克思主义符合中国历史发展需要的精准判断。所谓文化语境,指的是新文化运动开展以来思想启蒙的文化语境。新文化运动中的"民主"与"科学"两把利剑是批判传统的旧思想、旧道德的

① 朱务善:《回忆守常同志》,《人民日报》,1975年4月29日。

② 《李大钊全集》第3卷,人民出版社2006年版,第3页。

有力武器，也正由于李大钊、陈独秀等对西方近世文化的深入了解与批判学习，使得更为先进的马克思主义在中国的传播成为可能，李大钊强调的“必须要研究怎么可以把他的理想尽量应用于环绕着他的实境”①，实际上指的就是马克思主义要适应新文化运动以来思想巨变下的社会现实。所谓革命模式，自然指的是在山重水复疑无路之际传来的俄国革命模式。国人对俄国革命经过了迷茫—质疑—鼓呼的曲折认知过程，也才有了李大钊的大声赞叹：“俄罗斯之革命是二十世纪初期之革命，是立于社会主义上之革命，是社会的革命而并著世界的革命之采色者也。”②由此也看到了马克思主义应用于中国具体实践的可能性和必要性。

纵观李大钊思想发展的历程，其实在他早期的文献中已有这种发展的预示，如以动的生活和静的生活来形容文明及思想，就颇有代表性：

> 吾人认定于今日动的世界之中，非创造一种动的生活，不足以自存。吾人又认定于静的文明之上，而欲创造一种动的生活，非依绝大之努力不足以有成。故甚希望吾沈毅有为坚忍不挠之青年，出而肩此巨任。俾我国家由静的国家变而为动的国家，我民族由静的民族变而为动的民族，我之文明由静的文明变而为动的文明，我之生活由静的生活变而为动

① 《李大钊全集》第 3 卷，人民出版社 2006 年版，第 3 页。
② 《李大钊全集》第 2 卷，人民出版社 2006 年版，第 263 页。

的生活；勿令动的国家、动的民族、动的文明、动的生活，为白皙人种所专有；以应兹世变，当此潮流。[①]

而以此来审视当时马克思主义传播的历程，我们不妨紧紧抓住一个“动”字，也就是马克思主义在中国传播的动态过程，包括人、思想、社会、制度等不同层面的变动。李大钊曾说：“从前有一个德国人说，不到五十岁的人，要说他能全懂马克思，此人一定是个骗子。因为只是读一读他的著作，就要二三十年，可见这是很不容易的事。”[②]而李大钊的这种结论，恰是在动态的发展变化中对马克思主义的深刻认识。

二、领导思想争锋

马克思主义传入中国，本就是在思想纷纭激荡之际，各种有着利益诉求的思潮在争夺时间和空间。谁更适合救亡图存的需要，谁将唤醒沉睡中的国民，谁将承担起救亡图存的历史重任，各种思潮你方唱罢我登场。马克思主义传入时并没有出现“一鸟入林，百鸟压音”的情景，而是面临着能否落地生根的生存考验。危急时刻，李大钊担起引领守护之责，在“问题与主义之争”、关于社会主义的论争、反对无政府主义的论争等一系列思想争锋中发挥了不可替代的历史作用，使得马克思主义在争论中越辩越明，最终使得越来越多的人感受到了马克思主义

① 《李大钊全集》第 2 卷，人民出版社 2006 年版，第 97 页。
② 《李大钊全集》第 4 卷，人民出版社 2006 年版，第 53 页。

的魅力。

（一）问题与主义之争

关于百年之前的这场思想争论，似乎我们总能回忆起一种固有的模式化场景，以李大钊为首的一方坚守马克思主义阵地，以胡适为代表的一方谈论问题如何解决，双方引经据典，各执一词，表达着对改变社会现状的诉求和策略方案。特别是我们经常看到胡适类似的一些言论："国内'新'分子闭口不谈具体的政治问题，却高谈什么无政府主义与马克思主义。我看不过了，忍不住了，——因为我是一个实验主义的信徒——于是发愤要想谈政治。"[①]这自然容易理解为胡适对自由主义的宣扬，对马克思主义的反对和抵制。而又由于其争论方李大钊的身份符号，如第一个马克思主义者、共产主义运动的先驱、中国共产党创始人，这场争论似乎就以两种主义之间的争论而留在了历史长河中。时至今日，当我们掌握了资料以及理论、方法优势后，在对历史面相的多样性有了更多了解后，有三个问题似乎需要再次进行明确。

其一，要认清人们思想认识上关于这场争论的变化。

这场争论不是单纯的思想论争，而是和政治紧密联系在一起的，人们对此的认识自然容易形成定论，特别是在中华人民共和国成立后，几乎已经是无可置疑的盖棺定论。从高全朴、

① 胡适：《我的自述》，《努力》周报第7号，1922年6月8日。

张岂之发表在1959年第6期《历史研究》上的《"五四"时期李大钊同志反对资产阶级改良主义的斗争》一文开始，此后30多年的时间里，在革命史范式影响下的认识几乎是一致的，对此定性为两种主义之间的斗争似乎很少再有人质疑。这种局面的变化，产生于改革开放后的思想解放中。20世纪80年代中期以后，政治环境的变化极大影响了学术界思想的解放，开始有学者在此问题上尝试以更为客观的视角回到历史现场，特别是《胡绳论"从五四运动到人民共和国成立"》一书尝试对此进行了"是民主阵线内部发生的一场争论"的定性，集中代表了对这一问题的权威解释和界定。此后，我们开始从长时段历史观来审视这一事件，认识到了历史的多重面相和思想变化的复杂，对这场思想论争也有了更为客观与理性的思考。这实际上也是在提醒我们，类似的这种变化反映了史料、范式、环境等的不同，给研究工作带来的多层面影响和冲击，使得我们在对史料的解读上越来越接近历史的真实。

其二，几个需要确定的问题。

如果以"是民主阵线内部发生的一场争论"来形容甚至定位这场争论，那么有几个原则性问题就变得明确了。第一，在学习先进理念来救国这一点上是不存在原则性问题的。世界大势使得开放成为愈益明显的趋势，中国在不可避免地卷入世界发展潮流后，回到闭关锁国的状态显然已不可能，找到适合自己的定位方为关键。李大钊、胡适等人都主张不能实行关门主义,必须学习西方先进思想(这里自然包括马克思主义、自由主义、民主主义等)来拯救民族危亡,只不过学习的理念、内容、策略有所不同。第二,李大钊、胡适的问题与主义之争,更多反映出的是问题是整体解决还是局部解决的区别,在不逃避现实回避问题这一点上,二者的方向是一致的。1918 年 8 月,李大钊利用假期写下《再论问题与主义》,明确提出:“我们的社会运动,一方面固然要研究实际的问题,一方面也要宣传理想的主义。这是交相为用的,这是并行不悖的。”①李大钊对问题解决的重视已经不言而喻,特别是从长时段历史观来看,“具有讽刺意味的是,就在自由主义者提出‘多研究些问题’建议后不久的 1920 年,很多社会主义者及其追随者开始走向工人和农民中去研究他们的生活状况,而自由主义者却很少参加这种社会调查和劳工运动”。② 这种现象,无比明显地反映出大时代中的多重面相。第三,在这场争论中,不仅仅是李大钊、胡适二人,甚至双方旗帜鲜明的阵营中,看似泾渭分明的思想坚守者,实质上不乏相同相通之处,如胡适与其说是反对“主义”,莫如说是反对“空谈主义”。而马克思主义对于社会问题的解决同样十分重视,陈独秀接受马克思主义之后曾多次强调:“我们改造

---

① 《李大钊文集》下卷,人民出版社 1984 年版,第 32—38 页。

② [美]周策纵著,周子平等译:《五四运动:现代中国的思想革命》,江苏人民出版社 1999 年版,第 226 页。

社会是要在实际上把他的弊病一点一滴、一桩一件、一层一层渐渐的消灭去,不是用一个根本改造底方法,能够叫他立时消灭的,更不是单单在理论上笼统的否认他,他便会自然消灭的”。[①] 在历史的舆论场中,受政治语境的影响,往往明亮面耀眼,黯淡面却易遗忘,实则提醒我们需要拨开云雾,更全面地审视历史的发生与发生中的历史。

其三,如何客观评价李大钊在这次论争中的历史作用。

正如上文提到的,我们必须承认的是,坚持马克思主义的李大钊,不但不反对问题的解决,而且多次表达过曾一度使不少后来者感到震撼的观点:“承认我们最近发表的言论,偏于纸上空谈的多,涉及实际问题的少。以后誓向实际的方面去作。这是读先生那篇论文后发生的觉悟。”[②]这实际上表明李大钊在这一问题的认识上有一个发展过程,更为关键的则是其在坚持马克思主义的宏观视野下,对各个层面的问题主张着力解决,而且表现出明确的马克思主义的观点:“经济问题的解决,是根本解决。经济问题一旦解决,什么政治问题、法律问题、家庭制度问题、女子解放问题、工人解放问题,都可以解决。”[③]这种用马克思主义的唯物史观来对问题进行分析及解决的思路,

---

① 陈独秀:《陈独秀文章选编》(中),生活·读书·新知三联书店1984年版,第44—45页。

② 《李大钊文集》第3卷,人民出版社1999年版,第2—3页。

③ 《李大钊文集》第3卷,人民出版社1999年版,第6页。

影响了在论争中思想急需帮助的人们，这也是李大钊之所以能在马克思主义阵营中高举大旗引领方向的关键所在。而当时不少人也认识到了这一点，蓝公武在《问题与主义》一文中也为李大钊进行助力："吾们因为要解决从人力车夫的生计到大总统的权限，从卖淫到卖官卖国，从解散安福部到加入国际联盟，从女子解放到男子解放等等问题，所以要研究种种主义，主义的研究和鼓吹，是解决问题的最重要最切实的第一步。"[①]李大钊和他的战友们正是立足于社会实际，进而开展思想坚持及斗争。

当然我们必须注意到，李大钊在"争论发生时，他的思想中还包含着许多其他成分，如中国传统的轮回史观的影响、政治观念中的泛道德化倾向、充满唯意志论色彩的主观战斗精神、近代西方宪政观念的影响、英国'工联主义'的影响、乌托邦社会主义的影响，等等。这些非马克思主义的思想因素，不但在李大钊的思想中与马克思主义并存，而且还一度影响着他对马克思主义的理解与诠释"。[②] 但这种思想上的复杂性，除了真实反映出李大钊思想的变化外，也提醒我们注意思想中的主流是什么，什么才能影响人们的认知和社会的发展。

---

① 蓝公武：《问题与主义》，《国民公报》，1919 年 7 月 30 日。

② 董国强：《论"问题与主义"之争前后的李大钊思想——对争论性质的再探讨》，《社会科学研究》2004 年第 4 期。

（二）关于社会主义的论争

社会主义是什么，这如今已是无比明确的认知和结论，但在一百多年前却一度让人目眩神迷。在社会主义面前，有睡眼惺忪者、有改头换面者、有坚守初心者、有浑水摸鱼者。这或可说明，在五四运动之后，思想领域爆发了一场关于社会主义大论争的缘由。我们翻开历史的画卷发现，以张东荪、梁启超等人为一方，以陈独秀、李大钊为一方，又有多方活跃人士参与其中，掀起了大讨论大碰撞的思想论争，其影响已经不仅限于当时的思想困惑澄清和斗争方向引领，而且对此后马克思主义的传播和革命运动的开展都发生了深远影响。当然，有几个问题需要我们站在后来者的高度加以说明。

其一，双方争论的主体是同一个社会主义吗？

李大钊等人所坚持的社会主义自然不用多言，反映出马克思主义对真理的坚持。而争论的另一方，我们不妨以张东荪来做一简单剖析。张东荪对社会主义的态度，经历过一个堪称跌宕起伏的演变过程，较为典型地反映出知识分子思想变化的轨迹。民国初期，张东荪推崇资本主义实业救国，对社会主义在中国的存在持否定态度。在对资本主义有了进一步了解，特别是对第一次世界大战进行反思后，张东荪的思想发生了变化，对社会主义开始变得热衷起来。五四时期，张东荪对社会主义的推介之热情与影响令很多人震动，[①]并发出了令人印象深刻的对社会主义的宣言："我们也可以说有一个主义，就是使中国人从来未过过人的生活的都得过着人的生活，而不是欧美现成的甚么社会主义，甚么国家主义，甚么无政府主义，甚么多数派主义等等。"[②]或许正是张东荪的这种疾呼及影响力，也使得陈独秀热忱邀请其为中国共产党的发起人。然而世事难料，其后，深受罗素影响的张东荪在对社会主义的态度上又发生了明显变化，认为与其"空谈主义"莫如"开发实业"。在此基础上，张东荪明确提出了"基尔特社会主义"的主张，温和的改良的社

---

① 1919年4月28日，张东荪在他创办的《时事新报》副刊《学灯》上发表题为"社会主义"的征文启事，内容包括赞成说、反对说和译述三部分。此后，在其主办的《学灯》和《解放与改造》上，刊登与转载了许多介绍社会主义的文章。这些文章主要有马克思的《雇佣劳动与资本》，日本的马克思主义先驱河上肇的《河上肇博士关于马克思之唯物史观的一考察》《马克思的唯物史观》《社会主义之进化》《马克思社会主义之理论的体系》，国内研究马克思主义的学者刘秉麟的《社会党泰斗马克思之学说》《社会主义两大派之研究》《社会改良与社会主义》以及张东荪自己撰写的《罗塞尔的"政治理想"》《奥斯氏社会主义与庶民主义》《为什么要讲社会主义》等。参见马秋丽：《学说上的社会主义与信仰上的社会主义——张东荪社会主义观浅析》，《当代世界社会主义问题》2005年第4期。

② 张东荪：《由内地旅行而得之又一教训》，《时事新报》，1920年11月6日。

会主义成为其希望救亡图存的良药。[①] 这是张东荪所寄予厚望的救国方案，也是早期马克思主义者所要竭力批驳的关键所在。也就是说，双方争论的焦点在于是否是真正的马克思主义者，所坚持的社会主义是革命的还是改良的，所采取的策略上资本主义实业救国是否可以逾越，显然这对马克思主义的传播来说是极为关键的问题。

其二，李大钊或者说早期马克思主义者所在意的是什么？

客观地说，早期马克思主义者在传播先进思想的过程中，是把马克思主义作为信仰来服膺的（自然这经历了一个从学说到信仰的过程，对比不需要任何的回避），而对马克思主义如何与中国国情相结合，以及如何与非马克思主义者之间进行争论，还存在着理论以及策略上不同层面的问题。“他们不懂得张东荪、梁启超等人的错误不在于说中国现时还不能实行社会主义，而在于认为既然不能马上实行社会主义，就不需要社会主义者，不需要社会主义思想，不需要成立共产党。为反驳这种观点，只是斥责资本主义的弊病，声讨资本主义的罪恶是不够的，还需要运用马克思主义对中国的国情作深入的分析，研

① 有学者认为，这是一种渐进的“社会主义的民主主义”论，是以分析历史推知现实为出发点，以民主主义与社会主义同“基型”论为理论基础，以解决官僚、军队、农民和发展生产等问题为重心，以士和农民为“托命者”，以渐进的和平方式使中国走上民主主义道路的系统理论。见左玉河：《试析张东荪“社会主义的民主主义”理论》，《史学月刊》1995 年第 2 期。

究中国革命的发展道路，提出如何将马克思主义与中国国情相结合的具体主张。”[①]这指出了早期马克思主义者在理论视野上的缺陷，特别是还不能精准地认清国情，并在此基础上确定斗争的目标、策略和方式。需要注意的是，虽然李大钊、陈独秀等早期马克思主义者由于时代的局限以及自身的原因，并未发现张东荪等人的真正弊端所在，但其所在意的是对马克思主义的信仰，是对社会主义的热切期望，以及是否对社会根本问题的解决有一种“革命”的态度。这种“舍我其谁”的气质并据此表现出来的斗争精神，才是我们应该关注的重点所在。

其三，这场论争能以输赢来评定吗？

传统上认为以李大钊等为代表的马克思主义者大获全胜，以张东荪为代表的“基尔特社会主义者”在理屈词穷后黯然退出了历史舞台。随着史料的不断挖掘以及后来者的观察优势，我们有了更为深刻的思考与全面的结论。严格地说，很难能以输赢来简单评定，双方皆有理论上的缺陷及观点上的偏颇，但更重要的是时人多难以意识到其重要性的可取之处，这才是我们认识时代主题和思想变化的一个重要着眼点。对以张东荪为代表的“基尔特社会主义者”来说，其更强调的是在中国先进行资本主义的建设，社会主义只能在实业有了极大发展后再开展，并就此得出了结论：与社会主义相关的活动就不用进行了。

① 中共中央党史研究室编：《中国共产党历史（1921—1949）》第1卷上册，中共党史出版社2011年版，第55页。

梁启超在《复张东荪书社会主义运动》一文中有清楚的表述，他认为欲在中国发展社会主义运动，“舍生产事业发达外，其道无由。生产事业发达，凡吾国人消费所需，皆由吾国人自生产而自供给之最少亦须在吾国内生产而供给之（此指外人投资在中国办生产事业而言）。我之需要品，不必仰给于伦敦、纽约、巴黎、大阪，然后我多数人之职业不至为伦敦、纽约、巴黎、大阪之劳动者所夺，然后我之游民可以减少，而我之劳动阶级可以成立。劳动阶级成立，然后社会运动得为主体，而新社会可以出现。社会主义运动不可逾越之阶段，殆如此。”[①]这种观点在当时颇有代表性。对于马克思主义者来说，认定了中国的救世良方只能是社会主义，未来的发展也只能是社会主义，对信仰的坚定以及由此而产生的实践斗争，是其最终能被历史和人民所选择的根本原因。陈独秀曾对梁启超先发展资本主义再行社会主义政策的方案提出批评：“由资本主义渐渐发展国民的经济及改良劳动者的境遇以达到社会主义，这种方法在英、法、德、美文化已经开发、政治经济独立的国家或者可以这样办，象中国这样知识幼稚没有组织的民族，外面政治的经济的侵略又一天紧迫似一天，若不取急进的 revolution，时间上是否容我们渐进 revolution 呢？”[②]陈独秀、李大钊等认清中国国情，并以此

① 梁启超：《饮冰室合集：文集》第 23 册，中华书局 1989 年版，第 7 页。

② 任建树等编：《陈独秀著作选》第 2 卷，上海人民出版社 1993 年版，第 211 页。

来决定革命的策略，是马克思主义者的现实写照。不以成败论英雄，而是将宏观的历史发展和微观的人心变动相结合来看这场争论，才能得出符合历史发展的结论。

（三）关于无政府主义的论争

在20世纪初的时候，一些在国外的流亡者和留学生接触到了无政府主义，并将其带回中国。其中，刘师复等人发挥了重要作用，并影响了一部分人的认识和行动。辛亥革命后，克鲁泡特金的无政府主义思想一度流行起来，受到了一些小资产阶级知识分子的追捧，他们寄希望于回避政治斗争来实现理想社会的追求。邵力子曾回忆道："十月革命后，知识分子向往苏联，但马克思主义未在中国广泛传播，许多人对马克思主义没有认识。有的甚至以为俄国革命胜利，虚无党也有功劳，因此一部分人接受了无政府主义思想。无政府主义思想，在破坏旧的方面，起了好作用，在使青年接受马克思主义方面，则起了混淆作用。"①邵力子在对无政府主义传入中国的时代环境及思想状况进行回忆时，其所指出的"好与坏"两方面的作用是值得思考的，这在很大程度上道出了当时无政府主义之所以流行的缘由。而其中反映出来的一些问题是值得深入思考的。例如，李大钊自身是如何经历转变，又在思想论争中发挥了不可替代的独特作用呢？

---

① 邵力子：《党成立前后的一些情况》，中共中央党史资料征集委员会编：《共产主义小组》（上），中共党史出版社1987年版，第191页。

其一，无政府主义曾具有难以想象的影响力。

现在或许很难想象，20 世纪初的中国，无政府主义曾经一度散发着炫目的光芒，吸引着不少渴望摆脱任人欺凌局面的先进青年们。[①] 如毛泽东、恽代英等人皆受过无政府主义的影响，甚至一度以为找到了救国的希望，很长时间内李大钊的思想中也都不难发现"互助论"的影子。如 1919 年初，李大钊在《新纪元》中明确指出："从前讲天演进化的，都说是优胜劣败，弱肉强食，你们应该牺牲弱者的生存幸福，造成你们优胜的地位，你们应该当强者去食人，不要当弱者，当人家的肉。从今以后都晓得这话大错，知道生物的进化，不是靠着竞争，乃是靠着互助。人类若是想求生存，想享幸福，应该互相友爱，不该仗着强力互相残杀。"[②]此时，俄国十月革命的消息已然传入中国，但李大钊思想中无政府主义的色彩依然十分强烈。客观地说，无政府主义中的互助论、反对强权、重视劳工等思想，不但没有成为思想上的阻力，反而被李大钊消化吸收，成为他理解、服膺

① 刘师复在《无政府共产主义同志社宣言书》中曾说："'无政府'以反对强权为要义，故现社会凡包含有强权性质之恶制度，吾党一切排除之，扫除之。本自由平等博爱之真精神，以达于吾人所理想之无地主、无资本家、无寄生者、无首领、无官吏、无代表、无家长、无军队、无监狱、无警察、无裁判所、无法律、无宗教、无婚姻制度之社会。斯时也，社会上惟有自由，惟有互助之大义，惟有工作之幸乐。"这既是无政府主义者的宣言书，在一定程度上说，也是吸引众多追随者的缘由所在。彭明：《五四运动史》，人民出版社 1984 年版，第 599 页。

② 《李大钊文集》第 2 卷，人民出版社 1999 年版，第 25 页。

马克思主义的一种重要思想支撑。

其二，无政府主义在李大钊思想中的作用及消亡。

对于李大钊来说，无政府主义和马克思主义几乎先后来到他的思想世界，并因为二者在某些方面的相通之处，和平共处过一段促使李大钊向真理追求的历程。而李达对于这种情况也进行过富有哲理性的分析："我们中国人近今才有听见'社会主义'四个字，但是头脑里社会主义的思想还太薄弱。就有晓得的，也不太清楚，所以才有把这张三的帽硬送给李四戴的怪事。"[1]互助、平等、劳工等具有鲜明无政府主义色彩的符号，成为李大钊不断接近马克思主义的媒介和平台。而就在这一过程中，李大钊逐渐完成了选择与扬弃，无政府主义成为其彻底服膺马克思主义的过去时代名词。也就是说，随着李大钊对马克思主义认识的逐渐深入，他放弃了对无政府主义曾有过的幻想，马克思主义成为其唯一的思想和信仰。

其三，无政府主义在李大钊思想中的变化。

李大钊不仅仅自己逐渐放弃了无政府主义，而且在与无政府主义者的交往中，注意到了引导与斗争，影响了相当一部分人改变思想，更新观念，在思想潮流的改变上发挥了不可替代的重要作用。正如恩格斯所说："马克思的整个世界观不是教义，而是方法。它提供的不是现成的教条，而是进一步研究的

---

① 《什么叫社会主义？》，上海《民国日报》副刊《觉悟》，1919 年 6 月 18 日。

出发点和供这种研究使用的方法。”[①]李大钊认识到了这一点，并引导更多的人意识到这一点，特别是社会实践生活发生了重大变化，无政府主义以及其他非马克思主义思潮逐渐失去了市场，马克思主义的传播和指导实践已是大势所趋。邓中夏对此深刻指出：“马克思主义给我们指明了实现共产主义的步骤、手段、方法。但是，无政府主义只是一个理想，忽略了现实，是无法实现的。总之，无政府主义有的好处，共产主义都包括，共产主义有的好处，无政府主义却没有了。”[②]这恰是当时情境的真实反映，一种思想理论究竟有没有用，只有看它是否符合实践的需要，无政府主义的出现及消亡轨迹是对此典型的注解。

综上所述，在这三次思想论争中，集中反映了人们在探索救国真理上的追求和斗争。特别需要注意的是：“在众多纷繁的思想流派冲击下，早期马克思主义者，不论是李大钊，还是陈独秀、瞿秋白，包括毛泽东、恽代英等都不同程度受到其他思想流派的影响，他们一时还没有能力把各种‘主义’明确区分开来。”[③]这反映出，再优秀的时代人物也会有一个对真理消化吸收的过程。当然，这三次大论战，从长时段的历史观来看，对马克思主义传播的影响是深远的，正如李达所说：“近来讨论社会主义的人渐渐多

① 《马克思恩格斯选集》第4卷，人民出版社1995年版，第742—743页。

② 姜平：《邓中夏这一生》，南京大学出版社1986年版，第54—55页。

③ 徐行：《李大钊早期传播马克思主义的再探讨》，《北京青年政治学院学报》2009年第3期。

了，这确是一个好现象。因为社会主义的真谛若能充分地阐发出来，批评者就不会流于谩骂，信仰者就不会陷于盲从。而且知识阶级中表同情于资本家的与表同情于劳动者的两派，旗帜越发鲜明，竭智尽力，各为其主，而社会主义与反社会主义两方面，皆可同时发展，以待最后之决胜。”①显然，马克思主义有着对立面的不同声音，从另一种角度来说是一种磨炼，促使马克思主义更快地适应中国实际，推动着革命运动向前发展。②

三、团聚马克思主义人才

李大钊的一生，仅仅 38 个春秋，如果仅以时间计算的话，在浩瀚无垠的历史长河中转瞬即逝；但李大钊的一生，锐意进取，意气风发，不屈不挠，慷慨激昂，又岂是 38 个春秋所能道尽的？李大钊以“铁肩担道义，妙手著文章”之英姿在中国近代社会的新陈代谢中留下了深深的印记，特别是对进步青年不遗余力地提携，

---

① 李达：《讨论社会主义并质梁任公》，《新青年》第 9 卷第 1 号，1921 年 5 月 1 日。

② 蔡和森曾说：“和森为极端马克思派，极端主张：唯物史观，阶级战争，无产阶级专政。所以对于初期的社会主义，乌托邦的共产主义，不识时务穿着理想的绣花衣裳的无政府主义，专主经济行动的工团主义，调和劳资以延长资本政治的吉尔特社会主义以及修正派的社会主义，一律排斥批评，不留余地。以为这些东西都是阻碍世界革命的障碍物（其说甚长，兹不能尽）；而尤其深恶痛绝掺杂中产阶级思潮的修正派、专恃议院行动的改良派、动言特别情形、特别背景以及专恃经济变化说的投机派，以为叛逆社会党、爱国社会党都是这些东西的产物。”这大体说出了马克思主义战胜各种非马克思主义潮流的缘由和过程。参见《马克思学说与中国无产阶级》，《新青年》第 9 卷第 4 号。

为中国革命培养了大批信仰坚定、思想激进的中坚力量。

回顾李大钊在北京教书的日子，身边已不乏求知若渴的青年才俊，如邓中夏、高君宇、何孟雄、罗章龙、张国焘、瞿秋白、刘仁静等，李大钊影响了这些人中的大多数逐渐走上革命救国的道路。当然，从历史进程来看，李大钊对毛泽东的影响也许是尤为值得关注的。在进入北大图书馆之前，虽素未谋面，但毛泽东对李大钊的印象无疑是极好的，他对“李大钊、陈独秀的文章常反复阅读，并摘抄某些文章中的精辟段落”①，这表明曾推崇康梁学说的毛泽东，已被陈独秀、李大钊等人领导的新文化运动所吸引，并在心理上产生了微妙但意义深远的变化。来到北大后，见到李大钊的庐山真面目，特别是能在其左右工作，可以近距离地感受偶像风采，对毛泽东来说是异常激动的。李大钊以其优雅的气质、渊博的知识和睿智的思辨，使远离家乡的毛泽东备感温暖，并很快地追随李大钊走向了服膺马克思主义的道路：“我在李大钊手下任国立北京大学图书馆的助理员的时候，曾经迅速地朝着马克思主义的方向发展。”②在此后的日子里，毛泽东已从初到城市还略显茫然的山村少年逐渐成长为党的核心领导人，但始终对李大钊抱有尊敬与爱戴之情，多年以后的回忆依然充满了深情厚谊：“他

---

① 中国社会科学院近代史研究所：《五四运动回忆录》(上)，中国社会科学出版社 1979 年版，第 418 页。

② 《毛泽东 1936 年同斯诺的谈话》，人民出版社 1979 年版，第 34 页。

是我真正的好老师，没有他的指点和教导，我今天还不知道在哪里呢？”①

李大钊留给人世间最后的记忆，也许就是那道缓慢而坚毅地走向绞刑架的身影。这道身影，既是李大钊为了理想信念而慷慨赴死的身影，又是马克思主义作为一种先进思潮吸引无数有为青年为了救国而前仆后继的缩影。所以，李大钊的离去只是肉体的消失，而他所代表的精神却宛如一道照进人们心灵的阳光，簇拥着后来者们奋勇前进。甚至在异域，日本共产党领导人片山潜也指出李大钊的遇害是中国革命和国际革命运动的巨大损失，但逝去的李大钊“对中国革命来说依然还活着”，因为“他的著作，他的不可摧毁的意志将指引着工人、学生和农民，鼓舞他们去争取革命的最后胜利”②。公祭李大钊的时候，长长的队伍中随处可见悲痛难抑而又目光坚毅的青年。端木蕻良笔下老金同志的一段话或许更能代表李大钊的精神在后继者身上的薪火相传：“特务们会以为我们真是在撒纸钱呢！但是，人们看了纸钱，即使不懂日文和朝鲜文的也会知道，我们撒的不是纸钱，而是革命的火种！”③

四、领导北方区党委的斗争

对李大钊来说，对马克思主义的传播不仅仅是理论研究，更

① 权延赤：《走下神坛的毛泽东》，外文出版社2009年版，第140—141页。

② 张坚、裴粹民：《李大钊同志遇害后的国际反应》，《复旦学报（社会科学版）》1979第6期。

③ 端木蕻良：《回忆郊祭李大钊同志》，《中国现代文学研究丛刊》1980年第2期。

重要的是和革命运动相结合，为自由民主而斗争，这集中体现在他领导北方区党委的斗争上。中国共产党成立后，各地组织机构相继建立。根据中共中央的指示，中国共产党北方区执行委员会于1924年年底成立，使得北方革命斗争纳入组织化的语境中。以李大钊为负责人的北方区党委，在国民大革命后复杂困难的环境中，坚持着不屈不挠的革命斗争，领导了“召开国民会议”“五卅运动”“关税自主”“三一八”等群众运动，即使在革命处于低潮时依然保留住了革命火种。

召开国民会议运动，实际上是在反对曹锟贿选中提出来的，代表着中国共产党及民众对安定生活的渴望和追求。这既是鸦片战争以来人们对民主生活的渴望，又是现实生活的迫切要求。李大钊及北方区党委的其他同志把召开国民会议运动和废除不平等条约运动结合起来，试图掀起一个反对帝国主义侵略和军阀专制统治的人民运动。自然，帝国主义对中国的侵略本质，封建军阀割据统治的现实状况，注定召开国民会议是一场充满困难和曲折的民主运动。面对运动中出现的波折，李大钊提醒大家要敢于揭露、敢于斗争，特别是在1925年3月1日召开的长达一个多月的国民会议促成会全国代表大会中，李大钊对会议的筹备、议题、后勤等各项工作亲自安排，向大家反复说明党的政策，从思想指导到工作设计上发挥了重要领导作用。“最近国民会议之运动，弥漫全国。此种运动孕育于反帝国主义怒潮之中，且产生于最强之直系军阀推倒之后，其使命乃为客观情势所确定无疑；质言之，它将代表人民向帝国主义作战，取消不平等条约，以达到解除终身所束缚的锁链之目的。它将继续打倒直系军阀，进而打倒一切军阀，解除其武装。它的方法是不妥协的群众运动。今日之一粒种子，他日必结为最大果实。”①中国积弱积贫的现状需要更猛烈的冲击，虽然召开国民会议运动没有改变当时军阀割据混战的局面，但在社会思想上所起到的作用却是具有深远意义的，这也是李大钊等共产党员团结带领人民群众所努力奋斗的结果。

如果说国民会议运动所引发的化学反应需要较长时间体会的话，那么五卅运动则形成了声势浩大的反帝爱国运动。“一切帝国主义者所加于我们的剥削践踏，都一一活现于商人、学生、工人及一般市民的眼前，决不是什么过激所捏造的海外奇谈；商人、学生、工人一切市民大群众实因为受不了帝国主义的剥削与践踏：把持海关，在中国遍设工厂，不许禁止棉花出口，不许中国增收纸烟捐，封禁全国学生总会，以军火给军阀战争，动辄拘捕惩罚中国新闻记者，越界筑路，提出印刷律，增加码头捐，枪杀请求工作的工人，拘捕爱国演讲的学生，枪杀手无寸铁的中国学生、工人及其他市民，一步加紧一步，逼着中国人不得不起来反抗。”②这是近代以来人们反帝爱国运动的继续和发展，又是现实中人们热情的爆发。在李大钊的领导下，北方民众相继开展规模浩大的示威

① 《赵世炎选集》，四川人民出版社1984年版，第281页。

② 陈独秀：《上海大屠杀与中国民族自由运动》，《向导》周刊第117期，1925年6月6日。

游行，表达着对封建专制的猛烈抨击和对自由民主的无限渴望，展现出了中国人民的爱国精神。五卅运动中具有标志性的事件是，1925 年 6 月 30 日，全世界被压迫民族国民大会在北京天安门召开，除了北京 500 多个团体外，受邀而来的还有朝鲜、土耳其、印度等国家的代表，其象征意义还是体现得比较强烈。也就是说，在李大钊的领导下，北方的反帝运动不仅仅表现出了和其他地区一致的反帝爱国色彩，更是释放出了一些"全世界无产者联合起来"的味道。恽代英说，"五卅以前，中国还有好多人不知道为什么要反对帝国主义"，"但经过五卅运动以后，反帝国主义的空气就普及于全国，大多数人都知道了"。① 这是对李大钊领导北方五卅运动取得重大变化的肯定和支持。

革命势头持续高涨，声势更为浩大的关税自主运动爆发了。关税能否自主，不仅仅关系到一个国家的经济命脉，而且也关系国家主权。"中国近代争取关税自主，主要在两个层面上展开，一是历届政府修改税率和收回关税主权的尝试，一是以人民群众为主体的关税自主运动。"②1925 年 11 月 1 日，中共北方区委机关刊物《政治生活》发表题为《关税自主与民众政权》的文章，指出："关税协定制度完全托庇于不平等条约之保护，不平等条约不废

---

① 《五卅运动史料》第 1 卷，上海人民出版社 1981 年版，第 15—16 页。

② 文君：《陈独秀与国民革命时期的关税自主运动》，《漳州师范学院学报(哲学社会科学版)》2003 年第 1 期。

除欲求关税无条件的自主，是犹缪缘木而求鱼也。”[①]在这场运动中，李大钊在宣传教育中特别强调民众要认清帝国主义侵略的本质，指出关税对中国人民的关键作用，特别是在1925年11月29日召开的天安门国民大会，集中表达了“解除段祺瑞一切政权、关税自主、组织国民政府临时委员会”等政治诉求，表达出强烈的革命斗争精神。

李大钊领导北方区委的斗争，恰是经历了国民大革命从开启到失败的转变。这一过程的错综复杂，对初生的中国共产党来说不亚于经历了一次生死大考验，而李大钊在其中也演绎了共产党员对信仰的坚定和追求。尽管李大钊被封建军阀残害致死，但他的精神薪火相传，鼓舞着无数革命后来者在革命道路上前仆后继的斗争。

第二节　工人队伍中的传播及斗争

马克思主义在中国的早期传播，因袭俄国无产阶级运动的经验，重点是在工人阶级中开展宣传与动员。在李大钊等的领导下，早期马克思主义者深入产业工人中，在经过初始时的不适后，逐渐掌握了与工人相处的方式方法，用工人熟悉的、喜欢的语言传播马克思主义，一支以马克思主义为指导的工人队伍逐渐成长

① 黄修荣：《国共关系七十年》上卷，广东教育出版社1998年版，第360页。

起来。在这其中，除了李大钊以外，还必须提到那些发挥着重要作用的早期马克思主义者。在河北地区，施恒清、邓培等人即是其中的杰出代表。

与早期全国工人阶级的产生与发展一样，河北的工人阶级多与产业或交通相关的城市相关，其集聚集中反映了近代的省情和国情。其中，以三座城市最为典型，即石家庄、保定和唐山。三者既有近代以来内外交困状况下城市发展的一般特征，又有着各自独具特色的历史传承与现实状况。石家庄的兴起与铁路息息相关，"被铁路拉来的城市"寓意着这座城市独特的铁路文化气息，以及铁路工人的产生与发展。唐山，不仅是河北亦是中国北方工业发展具有较强工业基础的城市，工人队伍的规模较大，其斗争形势较一般城市亦复杂多样。而保定作为清王朝统治下的畿辅重地，近世以来是各种政治运动发生发展之地，构成了某种特殊年代的独特张力，此起彼伏的工人运动发展具有自身的特色与规律。这三座城市或因交通、或因经济、或因政治，见证了马克思主义的传播及斗争的开展，施恒清、邓培等在其中发挥了积极的领导作用。

一、石家庄铁路线上的斗争

说到石家庄，不能不提到一河(滹沱河)之隔的正定。正定古城，有着深厚的历史底蕴和文化传承，但在近世以来特别是世纪之交时，却因为种种缘由与铁路擦肩而过，在一定程度上导致了自身的衰落，而成就了原本籍籍无名的小村庄——石家庄。"正定在清时，虽为冲要之缺，但正太铁路通轨之后，豫晋孔道已移至石家庄，致本县地方日益衰落，工商业均无存在，比之一般县份尤见荒凉，县城之内多变为农田，与乡村无甚差异，是不能更以前清之资格相比较。”①在近代化的历程中，一条正太铁路却带来了足以改变区域社会发展的历史功效。同时，如果说百年之前的正太铁路，沟通了太行山冀晋二省，那么铁路工人们则在这条铁路线上演绎着异常精彩又独具特色的人生。其中，施恒清是发挥着思想宣传、斗争指导等重大作用的引路者。

施恒清身上集中体现了工人阶级成长斗争的历程。幼年家庭生活窘迫的经历，使其对生活的疾苦和社会的不公有着直接的体会，在 15 岁到石家庄正太铁路总机厂当学徒工的时候，工作中所受的歧视使其在思想上痛苦而彷徨，曾加入在理教的经历有力地证明了这一点。如果说没有五四运动后的外来启蒙者，施恒清恐怕还会在彷徨中迷茫一段时间。五四运动后，北京大学学生罗章龙、邓中夏、张国焘、朱务善等陆续来正太铁路总机厂做宣传，营造了浓厚的学习氛围和斗争环境。施恒清逐渐接受了进步思想，并在斗争中展现出了这一点。

1922 年 2 月初，施恒清与孙云鹏等筹备成立“工业研究会”，为工人斗争提供组织化的指导。虽然此后领导权被工头窃取，但这段经历丰富了施恒清的斗争经验。9 月，李大钊派张昆弟来组织工人运动，正式成立了名为同义俱乐都的工会组织，施恒清任

① 佚名:《河北省“县缺等次”之商榷》,《河北月刊》,1936 年。

文牍科副主任。严格上说，张昆弟的指导具有更强的规范性色彩，这也是施恒清斗争生涯的重要转折点。此后，他在铁路上的宣传和斗争主要呈现出几个特点：

在斗争中火线入党。1922年冬，正值中国工人运动蓬勃发展之际，施恒清参加全国铁路工人代表会议，在讨论成立中华全国铁路总工会筹委会时，写下了“誓同生死，不达目的不止，成立全国铁路总工会！”的血书。会后，正太铁路总工会成立，施恒清任秘书科副主任兼石家庄分工会执行委员长。也就在这一年，在思想上追求进步、斗争经验不断丰富的施恒清，以加入中国共产党的行动展现了革命精神。自此，施恒清始终以一个中国共产党党员的身份严格要求自己，在工人运动、群众运动和抗日战争中发挥着重要的组织领导作用。

领导工人运动开展斗争。1922年12月15日，正太铁路总工会举行全线总罢工，施恒清是罢工组织者和领导人之一，负责编写《罢工月刊》和宣传工作，推动正太铁路工人运动的开展。1923年2月1日，施恒清等到郑州参加京汉铁路总工会成立大会，在4日开始的京汉铁路全体总同盟大罢工中表现突出，也因此在6日被反动军警拘捕，好在经总工会及施恒清的坚决斗争后而获释。其后，施恒清领导正太铁路全路工人举行“二七”同情大罢工，表达着铁路工人的团结斗争。“二七”大罢工被镇压的“二七惨案”发生后，中共中央立即发表了《中共中央为吴佩孚惨杀京汉路工告工人阶级与国民》书，告知全国劳动阶级：“惟有共产党是真正保护劳工，为劳工阶级利益而奋斗的党。此外一切标榜保护劳工的党派和势力，都不过是为他们自身利益而施行的一种政策”。[①] 2月10日，正太铁路工人复工，工会被封闭，施恒清等11名工会委员被宣布开除。经过斗争，资本家被迫收回布告，施恒清回到工人队伍中继续斗争。5月1日，施恒清等发动工人罢工，并以贩卖毒品罪证向北洋政府控告法国资本家，法国总办沙革被革职，展示了工人斗争的力量。1925年1月，正太铁路总工会宣布恢复，施恒清任总工会委员，为工人队伍建设和斗争运动鼓与呼。“五卅”惨案发生后，施恒清等发起组织了“对英雪耻会”“沪案后援会”，发动募捐支援工人同胞。6月29日，正太铁路工人召开大会，施恒清当选为正太铁路总工会执行委员长。1926年2月，施恒清当选为全国铁路总工会第三届候补执行委员。仅从这个职务的变化中，不难看到施恒清已经发展为北方工人运动中一个有着丰富斗争经验的工人运动领导者。

在抗日战争中勇于斗争。九一八事变后，中国共产党举起抗日大旗，党员干部组织领导人民群众开展斗争。1932年上海“一·二八”抗战后，施恒清任正太路员工救国会执行委员，组织救国十人团、宣传队等进行抗日宣传活动。卢沟桥事变后，施恒清根据党的指示到阳泉组织100多名工人成立正太铁路工人游击队，后编入八路军一二九师，施恒清分配到供给部。不同岗位的变动，

① 中华全国总工会编：《中共中央关于工人运动文件选编》（上），档案出版社1985年版，第95页。

锻炼着施恒清的领导才华和斗争经验。1938 年夏，施恒清调任中共晋东工委书记，兼正太铁路沿线工会联合会主席，领导工人队伍开展抗日斗争，直至 1941 年夏病逝于山西和顺县。

我们回顾施恒清的革命生涯，尽管其未在李大钊身边直接接受马克思主义的熏陶，但施恒清作为一名共产党员，在正太铁路上传播着马克思主义，开展革命斗争。这一点，与李大钊的统一领导和北方的革命形势是分不开的。

二、唐山工人队伍的发展

相比较石家庄，唐山的工人运动呈现出了自己的特点。这首先要提到团组织的建立。1921 年 7 月 6 日，唐山社会主义青年团在南厂正式成立，首批团员有邓培等 7 人，其中 6 名是南厂的青年工人。这表明，唐山社会主义青年团自建立之日起就是以工人群众为主体的，为青年团与工人运动紧密结合提供了必要的组织保证。唐山社会主义青年团建立以后，团员们在工人、学生和进步青年中宣传马克思主义，组织革命斗争。1922 年 3 月，唐山交通大学学生周树悟、田玉珍等人相继加入青年团，工人运动和学生运动开始结合，为革命斗争增加了力量。4 月中旬，唐山社会主义青年团执委会正式成立时，团员总数已达到 13 人，这在当时来说已经殊为不易。

如果说团员队伍的不断壮大为马克思主义的传播提供了组织人员基础，那工人队伍的壮大为马克思主义的传播提供了力量基础。据 1895 年徐润《在建平金矿寄故乡父老信》中所记载："开平做工之人日夜三班，连司事、机器匠、杂工、瓦窑、炭窑、灰窑、缸窑、石山，不下一万五千人；外加铁路之工人不计。”[①]1900年，开平矿务局有工人约9000至10000人，英属开平矿务有限公司时期的1904—1911年间，矿工人数基本保持在7000人左右。这么多工人，他们的工作与生活状况如何？李大钊对唐山煤厂工人的描述，揭露了令人痛心的现状：

> 他们每日工作八小时，工银才有二角，饮膳还要自备。他们有个恶习惯，常常把两星期的工，并在一星期来作。在这一星期中，无昼无夜，不停工作，不睡眠，不休息，不盥漱，不沐浴。把两星期的工在一星期作完，其余一星期，就去胡吃狂饮、乱嫖大赌去了。因为他们太无智识，所以他们除嫖赌酒肉外，不知道有比较的稍为高尚的娱乐方法，可以慰安他们的劳苦，也靡有供他们别样娱乐的设备。因为他们的工银太低，所以他们必须把数日的功夫，无昼无夜的像牛马一般劳动，才能积得一元半元钱，好去嫖赌。[②]

工人队伍的整体觉醒需要一个过程，这个过程的长短不仅仅取决于工人自身，更重要的还在于党的组织和领导。在一定

---

① 徐润：《徐愚斋自述年谱》，中国史学会主编：《洋务运动》第8册，上海人民出版社1961版，第75页。

② 《李大钊全集》第2卷，人民出版社2006年版，第315—316页。

程度上说，在工人受压迫的过程中，从最早的逆来顺受到开始经济斗争，直至觉醒到开始政治斗争，离不开早期马克思主义者的领导，这必须要提到在唐山铁路战线上奋战的邓培。

从影响上来说，邓培对马克思主义在河北的传播更具有典型意义。之所以这样说，原因在于邓培的成长与奋斗历程。在与李大钊结识之前，邓培对被剥削压迫的反抗还主要以破坏机器、厂房、物资等为主，认识不到苦难生活的根源所在，正如他所常郁闷的："为什么工人就应该受压迫呢？为什么我们穷苦的人们就应该吃不饱、穿不暖呢？难道说阔老爷就该享受吗？"[①]思想上的这种困惑一度困扰着邓培，但在一定程度上说，也促使他愈加坚定对真理的追求。实际上，这种困惑不仅在邓培的精神世界里存在，而且也代表了大多数有志者的心路历程。"但是照中国现在多数工人的知识程度，现在不能使他们觉悟，那要使他们觉悟，自然非多做教育功夫不可。"[②]对此，马克思主义注定将发挥思想启蒙和行动先导的历史作用。

1912年4月，唐山工党的成立是个重要转折，同时也标志着邓培已经有了类似资产阶级性质的救国思想。但从革命斗争的视角看，李大钊的教育使邓培真正成为一名马克思主义

① 曹立朝：《唐山工人阶级的最早领袖邓培同志》，《档案天地》2011年第3期。

② 中央档案馆编：《中共中央文件选集（一九二一——一九二五）》第1册，中共中央党校出版社，1982年版，第206页。

者，这也使得邓培从理论到实践都有了崭新的面貌。1920 年年底，邓培建立了中国北方第一个产业工会——京奉铁路唐山制造厂同人联合会，并亲自担任会长，使得工人运动的发展有了强有力的领导机构。1921 年 7 月 6 日，邓培领导建立了唐山社会主义青年团，为那些在救国路上探索的青年提供了组织家园。在革命斗争中成长起来的邓培，又经过 1922 年 1 月莫斯科远东各国共产党及民族革命团体第一次代表大会的锻炼，理论素养和组织领导能力均得到了提高。此后不久，中共唐山地方执行委员会成立，邓培也在领导唐山工人在工人运动高潮中书写了革命斗争史话。

三、保定大变革中的工人运动

相对于石家庄、唐山，保定的马克思主义传播，必然置于近代以来保定城市变化的语境中。晚清以来，保定在全国的地位凸显，见证了封建末世从最后的辉煌到衰落的转变。鸦片战争后，保定的政治地位和社会结构受到不断冲击。1913 年，省会地位彻底丧失对保定产生的影响可想而知。时人曾评论道："彼时督军驻节保定，布按以次，各廊林立，而客游于斯，就食于斯，亦肩摩而趾错。且维时商贾以无所扰，获利较丰，又辐辏而云集也。自政变以来，省署移津，布按各署，一切罢废，仅设保定道尹一署，旋亦废之，留县署及公安局，几与外县等夷，或尚不及繁盛一镇，而商贾亦因之凋敝。”①仅从字里行间，已然可见这种变化的鲜明特征。从经济上说，这种变化确实体现着保定不可避免的衰落。但从另一方面说，保定曾因为区域政治而有的政治高压一旦解除，反而为爱国思想和运动的开展提供了空间。

在辛亥革命、新文化运动中，保定的青年学生们即投身其中，显示出强烈的爱国主义热情，使保定成为爱国运动活跃的重要阵地。在五四运动中，已经经过锻炼的爱国学生，在马克思主义的指导下，开展着彻底的反帝反封的爱国运动。经过一系列爱国运动的磨炼，保定的爱国学生逐步养成了思想活跃、追求真理、富有强烈的爱国主义思想，以及形成了敢于斗争、敢于牺牲、敢于胜利的思想行为特征，为组织革命团体、传播马列主义提供了重要的群众基础。

综上所述，保定的历史、现实及革命形势既有自身独特性，又有现实的客观形势。1921 年春，受北京共产党早期组织和李大钊同志的派遣，邓中夏来到保定传播马列主义，领导建团工作。邓中夏在保定高师任教期间，从宣传新文化运动入手，公开介绍和传播马列主义。1921 年 5 月，邓中夏将高师进步学生中一批学习马列主义的积极分子发展为社会主义青年团团员，并成立了团支部。9 月，又发展了育德中学的 9 名团员，

① 金良骥等修，姚昌泰纂：《清苑县志》卷二《赋税 · 户口》，1934 年。

建立了团支部。10月，育德中学和高师团支部决定合在一起，正式建立保定社会主义青年团，保定成为河北省最早建立社会主义青年团的城市。到1922年年初，保定社会主义青年团团员已达到23人。从此，保定的青年运动开始在社会主义青年团的领导下，进入了一个蓬勃发展的新时期。

总体上看，石家庄、唐山、保定三地的马克思主义传播各有特点，同时又体现着河北乃至全国传播的共性，特别是在工人队伍的组织和动员上。列宁指出："工人本来也不可能有社会民主主义的意识，这种意识只能从外面灌输进去，各国的历史都证明：工人阶级单靠自己本身的力量，只能形成工联主义的意识。"①这提醒着河北早期马克思主义者指导工人运动，事实也证明了理论与工人实践结合发展演化的历史功效。

第三节　弓仲韬与马克思主义在农村的传播

中国的革命运动离不开广大农民的支持，在农村长大，深知农民疾苦的李大钊对此有着清醒的认识。1919年2月20日至23日，李大钊在《晨报》上专门发表了《青年与农村》一文，他尖锐地指出："我们中国是一个农国，大多数的劳工阶级就是那些农民。他们若是不解放，就是我们国民全体不解放；他们的

① 《列宁全集》第12卷，人民出版社1987年版，第29页。

苦痛，就是我们国民全体的苦痛；他们的愚暗，就是我们国民全体的愚暗；他们生活的利病，就是我们政治全体的利病。”①这一语道出了中国革命运动的关键问题，农民受压迫最深，革命力量最强，这也是中国农村的最大现实。因此，不解决农民的问题，不在农村建立稳固坚定的根据地，中国革命运动显然是没有希望的。

实际上，中国农村中的问题由来已久，这既是中国传统社会的现实，又是近代以来有识之士试图解决中国现实困境的切入点。孙中山在革命运动中曾无比明确地指出：“中国人最崇拜的是家族主义和宗族主义，所以中国只有家族主义和宗族主义，没有国族主义。外国旁观的人说中国人是一片散沙，这个原因是在什么地方呢？就是因为一般人民只有家族主义和宗族主义，没有国族主义。中国人对于家族和宗族的团结力非常强大，往往因为保护宗族起见，宁肯牺牲身家性命。像广东两姓械斗，两族的人无论牺牲多少生命财产，总是不肯罢休，这都是因为宗族观念太深的缘故。因为这种主义深入人心，所以便能替他牺牲。至于说到对于国家，从没有一次具极大精神去牺牲的。所以中国人的团结力，只能及于宗族而止，还没有扩张到国族。”②孙中山道出了中国传统与现实交织在一起的问题，即宗族文化在中国社会中的独特存在，甚至在一定程度上超过

① 《李大钊全集》第 2 卷，人民出版社 2006 年版，第 304—305 页。
② 《孙中山全集》第 9 卷，中华书局 1986 年版，第 185 页。

了政治制度的约束。同时,"家天下"的现实使得人们对"民族"和"国家"的概念知之甚少,在近代异族入侵时成为束缚民族救国热情的主要问题。这个问题,资产阶级革命派曾经努力解决过,但他们没有找到深刻的历史根源和解决办法,只能徒叹奈何。

实际上,弄清楚这个问题,必须提到中国延续千年的政治制度。"在这种制度下,地方社会的日常治理,的确未卷入任何形式的国家权力。……在正常情况下,只要其税收需要得以满足,官府并没有向下延伸权力,或把官方的一套正规制度强加于地方的需要。"①官方彩色的削弱,必然为地方势力的壮大提供了空间和可能,并影响了宗族社会的建构和存在。直至近代,乡村现实集中于两方面的趋势:"一是废除关于建祠及追祭世代的限制,……使一个族姓所联系的族众范围较前扩大。二是宗族关系的政治性加强。此前宋元时期,宗族制着重于尊祖敬宗和睦族收族,此后则更着重于对族众的控制和制裁,变为维护封建统治的基层社会组织。"②换句话说,中国基层的广大农村是在专制主义的大语境下,主要接受着士绅阶层的治理,依靠世俗文化及亲情伦理而运转着,对马克思主义的传播及此

① 李怀印:《晚清及民国时期华北村庄中的乡地制——以河北获鹿县为例》,《历史研究》2001 年第 6 期。

② 李文治:《明代宗族制的体现形式及其基层政权作用——论封建所有制是宗法宗族制发展变化的最终根源》,《中国经济史研究》1988 年第 1 期。

后的革命动员的接受必然有个历史的过程。

对此,中国的马克思主义者有着深刻的认识,同时,他们也意识到,必须采取革命的手段深入乡村社会,挖掘蕴藏在农民之中的伟力。当然,这需要首先对农民的群体特征有着精准判断。中共二大宣言明确指出:“农民更可分为三种界限:(一)富足的农民地主;(二)独立耕种的小农;(三)佃户和农业雇工。”①这是党最早对中国农民作出的阶级分析,从经济视角作出的政治分析。而大多数农民处于被剥削压迫的境地,自然与他们在经济中的地位是相关联的。1925 年 12 月,李大钊发表的《土地与农民》一文也指出:“农民约占总人口百分之七十以上,以全人口中占主要的位置,农业尚为其国民经济之基础。故当估量革命动力时,不能不注意到农民是其重要的成分。”②李大钊显然对马克思主义在农村传播的客观现实及困难已经有了较为充分的估计,这也指出了革命斗争的内容和努力的方向,在一定程度上蕴含着日后农村包围城市、武装夺取政权道路的内涵。

而要实现这种伟大的革命目标,需要马克思主义传入农村,引导农民在思想感情上发生根本性改变,进而发展为革命运动中的切实行动。在河北农村的马克思主义传播中,弓仲韬

① 《中共中央文件选集(一九二一——一九二五)》第 1 册,中共中央党校出版社 1983 年版,第 76 页。

② 《李大钊文集》第 5 卷,人民出版社 1999 年版,第 69 页。

是具有代表性意义的一位。对于弓仲韬个人乃至革命运动具有决定影响的是，李大钊作为他的入党介绍人，在很大程度上代表了对他的肯定和希望，并影响了他回河北老家传播马克思主义，建立农村党的基层组织。弓仲韬在河北安平的思想传播和实践斗争，较为典型地代表了先进知识分子深入农村的斗争历程。

1923年，弓仲韬根据党的安排部署，回到安平从事马克思主义传播，领导农民开展革命运动。弓仲韬面临的乡村社会现实，在上文已有所论及，又是中国共产党所试图破解的困境。正如毛泽东对农民的分析："他们是革命战争的主力军；然而他们的小生产的特点，使他们的政治眼光受到限制（一部分失业群众则具有无政府思想），所以他们不能成为战争的正确的领导者。"①这指出了农民在革命战争中的独特地位，以及难以发挥出自身潜力的重要因素。当然，这需要置于几千年中国的封建文化传统中审慎分析，"由于它生长在半殖民地半封建社会里，难免带有自身的弱点。除了少数人外，受封建的、农民小生产者的思想影响较深，文化水平较低，缺乏民主的传统。"②冰冻三尺，非一日之寒。要解决长时间农民穷困状况，必须进行深层次的组织动员和社会变革。首要的一点，要让农民觉醒，

① 《毛泽东选集》第1卷，人民出版社1991年版，第183页。

② 中共中央党史研究室：《中国共产党历史》上卷，人民出版社1991年版，第20页。

必须思想解放，要想思想解放，就必须有文化知识和素养。针对这一点，弓仲韬组织了农民夜校等识字学习机构，从知识文化学习着手。实际上，农民夜校是党在大革命时期领导农民运动的主要组织，在读书识字中进行理论灌输和思想教育，动员农民认识被剥削压迫的根源。列宁指出："只要我国还存在文盲现象，那就很难谈得上政治教育。这并不是政治任务，这是先决条件，没有这个条件就谈不上政治。文盲是在政治之外的，必须先教他们识字，不识字就不可能有政治。"①这指出了中国革命中在政治动员上一个非常重要的问题，即基于思想文化基础上的政治教育的重要性。

读书识字，只是农民启蒙的第一步。农民在掌握了一定的知识文化后，需要马克思主义的指导，才能在正确的政治方向上开展斗争。这里，必然要提到组织化的农村斗争。"只有农民自己组织的农民协会才能保障其阶级的利益。在乡村中作农民运动的人们，第一要紧的工作，是唤起贫农阶级组织农民协会。"②根据各地农会组织农民开展斗争的经验，在农民夜校的基础上，弓仲韬建立了更具有政治色彩和斗争意识的农会，组织领导农民和地主阶级进行斗争。形势推动着党组织机构的发展，弓仲韬和他发展的弓凤州、弓成山经过反复酝酿后，成立了中共台城特别支部，这是全国第一个农村党支部。在台城

① 《列宁全集》第 42 卷，人民出版社 1987 年版，第 200 页。

② 《李大钊文集》第 5 卷，人民出版社 1999 年版，第 77 页。

特别支部的影响下，其他革命基础好的地方也成立了支部。党支部成立后，面临着如何认清中国农村实际的关键问题，中共中央适时指明了方向。1924 年 5 月，中央发出《农民兵士间的工作问题议决案》，对中国的土地制度和农民的生活状况作了论述："中国享有土地及使用土地的制度在经济上有一种半封建半宗法的阶级关系，而政治上便是一种官僚军阀任意凌虐农民的景象，因此，农民经济破产得不堪言状，而农民变成失业游民的速度非常之快"。① 对此，弓仲韬深感需要从组织机构上加强领导，以在农村中开始改天换地的斗争。1924 年 8 月 15 日，台城、敬思村、北关三个党支部的代表在敬思村召开了安平县第一次党员代表大会，建立了由弓仲韬任书记的中共安平县委，这是河北省第一个中共县委。组织机构由下自上地发展，显示了安平在革命初始斗争中的独特地位。那么，安平的农民革命斗争怎么走？党的四大强调："中国共产党与工人阶级要领导中国革命至于成功，必须尽可能地系统地鼓动并组织各地农民逐渐从事经济的和政治的斗争。没有这种努力，我们希望中国革命成功以及在民族运动中取得领导地位，都是不可能的。"②从"系统地鼓动并组织"这个关键动词中，透露出革命深

---

①《中国共产党宣传工作文献选编(1915—1937)》，学习出版社 1996 年版，第 576 页。

②《中国共产党宣传工作文献选编(1915—1937)》，学习出版社 1966 年版，第 610 页。

入农村的运作机制及路径。基于此，1926 年夏，饶阳、深泽、安平三县党组织联合成立了三县中心县委，弓仲韬任书记，这既反映了弓仲韬重要的革命影响，又可看出冀中乃至华北的农民运动已在中央的指示下逐渐明确了方向。

弓仲韬的作用及影响不仅仅体现在组织机构的建立上，他在革命斗争中更是体现出了坚决的革命性和灵活的策略性。从取得重大经济胜利的增资运动、增薪运动，到建立具有明确斗争目标的党团组织，弓仲韬体现出了高超的领导艺术和斗争技巧。理想信念是共产党员能够在严峻的形势中始终奋斗的坚强支柱。作为一名马克思主义者，弓仲韬心系革命，在筹建列宁小学、毛巾工厂中，甚至动员全家为革命运动捐款捐物，真正做到了为革命的无私与忘我。毛泽东在《关心群众生活，注意工作方法》中指出："解决群众穿衣问题，吃饭问题，住房问题，柴米油盐问题，疾病卫生问题，婚姻问题，总之，一切群众的实际生活问题，都是我们应当注意的问题。假如我们对这些问题注意了，解决了，满足群众的需要，我们就真正成为群众生活的组织者，群众就会真正围绕在我们的周围，热烈拥护我们。"①中国共产党全心全意地为人民服务，人民群众发自内心地支持拥护党的领导，弓仲韬恰是体现了一名共产党员的奋斗精神和风范。

---

①《毛泽东选集》第 1 卷，人民出版社 1991 年版，第 136—137 页。

从马克思主义传播的历史看，存在着诸多影响传播效果的因素。早期传播主体因自身认知能力导致对马克思主义的理解不精准，民众因文化层次较低导致对理论的接受程度不高，北洋政府统治下对先进思想传播的控制，皆是马克思主义传播所不能回避的现实困难。但他们有一点抓住了问题的关键，那就是革命在农村、在农民那里的影响和回应。“中国革命通常被认为是历史上最伟大的农民革命，甚至被认为是农民革命的原型。的确，如果没有农民武装和如此众多农民的支持，中国共产党人就不可能取得政权。然而，很简单，如果没有共产党人，农民也决不可能孕育出革命思想。”①早期的马克思主义传播者不畏艰辛，跋涉于满目疮痍的黄土地传播真理，为无数苦闷迷茫中的人带去了希望，特别是广大农民逐渐从彷徨无措中找到了希望的道路。也正应了李大钊的预言：“中国浩大的农民群众，如果能组织起来，参加国民革命，中国国民革命的成功就不远了。”②李大钊和他的同志们正是在努力地实践这一点，历史也证明了李大钊的预言及此后斗争的正确性。

---

① [美]费正清、费维恺编，刘敬坤等译：《剑桥中华民国史（1912—1949）》下卷，中国社会科学出版社 1994 年版，第 309 页。

② 《李大钊文集》下卷，人民出版社 1984 年版，第 834 页。

第三章　传播的真理与真理的传播

马克思主义是关于自然界、人类社会和思维的科学理论，内涵丰富，特征鲜明，为世界上饱受磨难和欺辱的人们指明了奋斗的方向和途径。这也就意味着，“马克思主义提供给人们的是完整的世界观，它具有内容的全面性、结构的系统性、逻辑表述的严整性、方法的科学性等本质特征。学习、传承和发展马克思主义，需要注重从整体上理解和把握马克思主义理论体系”。[①] 这实际上提出了一个要求或者说一个提醒，这样一个博大精深的思想体系，在任何具体语境中的传播都面临着本土化的重要任务，而且注定将演绎出一个集中反映着思想观念、情感道德和时代主题不断变化的历程。毫无疑问，马克思主义在中国早期传播的内容，显然不会也不能是一成不变的，并不是一开始就是整体内容的即时传播，而必须是随着社会的需求而决定选择的结果。

---

① 梅荣政:《领会马克思主义的整体性》,《人民日报》,2018 年 11 月 20 日。

第一节　十月革命之前的学说传播

随着鸦片战争的一声炮响，在国门被西方侵略者以暴力打开后，中国身不由己地卷入了世界的发展变化节奏中，但在客观上，也在一定程度上开启了中西之间的了解和交流。马克思主义传入中国的时代背景即是，曾自诩为天朝上国的中国，却日益沦为西方列强侵略的对象，在炮火蹂躏下呻吟和抗争，此即为千年未有之大变局。就在中国人探索救亡图存的历程中，大概从19世纪六七十年代起，通过赴西方的留学人员和在华西方人的两种人员渠道，马克思主义开始了在中国不成系统地较为零散地传播。《西国近事汇编》通过报道西欧的工人运动间接介绍了社会主义；1898年，胡贻谷翻译的《泰西民法志》是第一部系统介绍社会主义学说的书籍；1899年2月，李提摩太在《万国公报》上刊登了介绍马克思及其思想的《大同学》①。显然，这一阶段还谈不上严格意义上的传播，并没有特别明确的目的性和针对性，作为一种学说的马克思主义并没有在社会上引起多大的反响，或者说尚未在介绍者主观意识上和受众群

---

① 1979年，夏良才在《近代史研究》发表《也谈早期中文刊物中有关〈资本论〉和马克思译名的记载》一文，指出："李提摩太节译的是英国进化论者颉德(Benjamin Kidd)的著作《社会进化论》(*Social Revolution*)的前三章。这里说的'德国之马客偲，主于资本者也'，就是指的马克思《资本论》。应该说，这才是中文刊物上第一次提到《资本论》的名字。"

体思想上引起足够的重视。

甲午战争后，痛定思痛的国人开始了真正意义上的寻找富强之道，许多人把目光转向了日本这个东方岛国。这自然是基于非常现实的原因。原来被认为是无比羸弱的日本，竟然在很多人认为"瘦死骆驼比马大"的清朝身上占到了便宜。"一是当时苏俄处在内战状态，与中国接壤的地方被沙俄旧部所控制，马克思主义信息的邮路不通；二是日本正处于大正时期，此时是近代日本马克思主义传播高潮期，马克思主义著作被大量翻译成日文，几乎所有马克思主义诠释经典文本都有，研究马克思主义的著述也大量产生；三是当时日本是亚洲最先进的国家，是中国的近邻，同种同文，自清末以来，中国先进知识分子就将日本作为向西方学习的首选之地，马克思主义在日本的传播也吸引了他们。"①正是在此种种因素影响下，特别是对明治维新后日本走上自强道路的发展模式的好奇，再加上中日战争的强烈刺激，使得大批青年人相继东渡，试图寻求强国御侮之道。他们在日本学习期间，接触到了资本主义的多重面相，也不可避免地受到了日本社会主义运动的影响。

1898 年，片山潜、安部矶雄、幸德秋水等人组织了旨在理论研究的社会主义研究会，1900 年更名为社会主义协会，开始了马克思主义的研究和宣传工作。在此基础上，片山潜、安部

① 康文龙：《试析马克思主义在中国早期传播的历史轨迹》，《嘉兴学院学报》2017 年第 2 期。

矶雄等人创立了社会民主党，这是日本最早的社会主义政党。此后，通过办报刊、创建社团、组织工人运动，日本的社会主义运动有了发展。在日本的留学生以及华人华侨恰于此时进入此环境中。而一直苦苦寻觅的重大问题，诸如马克思主义是什么？能够影响什么？在此时有了先进思想答疑解惑的时机。留日学生创办刊物，组织专题论文，开展研究讨论，开始了与马克思主义实质上的亲密接触。1901 年，中国留日学生主办的《译书汇编》杂志刊登了日本学者有贺长雄的《近世政治史》，对马克思及社会主义进行了介绍。除了译文外，译著也陆续出版，包括具有较大影响的福井准造的《近世社会主义》和幸德秋水著的《社会主义神髓》，等等。具有历史性深远意义的是，异国他乡寻求真理的中国人不但开始研读马克思主义，而且将之介绍到国内，扩大了马克思主义的影响。

其中，一些时代风云人物发挥了不容忽视的重要作用，刘师培、朱执信、江亢虎等人都对马克思主义传入国内作出了不可替代的贡献，而梁启超的活动更具有代表性。戊戌政变后，很多人说梁启超进入了政治生涯的低谷，但与此同时，从另一个视角说，他开启了在思想文化和学术研究上的辛勤耕耘。梁启超的一大贡献是对西方思潮的介绍，而马克思主义是他在众多思潮中介绍传播的内容之一。1899 年，梁启超在《清议报》上发表了"中国第一篇论述社会主义的文章"，自然这在他的传播思想中未留下多少印记。1902 年 9 月，他在《进化论革命者颉德之学说》一文指出："今日之德国，有最占势力之二大思想，一曰麦喀士（马克思）之社会主义，二曰尼志埃（尼采）之个人主义。麦喀士谓：今日社会之弊，在多数之弱者为少数之强者所压伏。"[①]梁启超观察到了马克思主义作为一种学说关于社会弊病的阐述，联想到其戊戌政变后流亡异国的心境，或许能让我们更深刻地体会梁启超此时的观感。

梁启超在海外流亡中，得以近距离观察西方近世文明的多重面相，特别是其在1918—1919年游历欧洲时，第一次世界大战后的满目疮痍使他印象深刻，对资本主义腐朽的一面有了深刻认识。而在俄国十月革命后，梁启超对马克思主义有了更深刻的了解，甚至在思想感情层面产生了赞美颂扬的变化。1925年梁启超写信给《晨报》社会周刊编者刘勉已："马克思便是化身的希腊正教上帝，列宁便是轮转再生的大彼得！苏俄啊！你要辨明你是不是帝国主义吗？你哪一天把在中国的活动停息，我们就哪一天立刻相信你！"[②]不难看出，虽尚未摆脱陈旧思想观念的束缚，但梁启超对马克思主义的肯定已跃然字里行间，甚至对其在中国的传播提出了希望和要求。

类似的观感也反映在其他人的思想上。如孙中山在伦敦期间，对马克思及其学说已有所了解。其后，资产阶级革命派主办

---

① 梁启超：《进化论革命者颉德之学说》，《新民丛报》第18号，1902年9月15日。

② 梁启超：《饮冰室合集：文集》第42册，中华书局1989年版，第67页。

的《民报》刊登了孙中山、朱执信、廖仲恺等人的文章，介绍和宣传马克思及其学说。1912 年，孙中山曾对马克思撰写《资本论》大声赞扬："发阐真理，不遗余力，而无条理之学说，遂成为有系统之学理，研究社会者，咸知所本，不复专迎合一般粗浅激烈之言论矣。"①可见，马克思主义还是作为一种西方理论学说进行介绍的，当然，此后紧张的革命斗争使得孙中山没有了进一步思考和践行的机会。

截至此时的马克思主义传播，或者说是早期马克思主义者参与之前的传播，有着几个极具时代特色的特点：

一是从传播主体来看，无论是国内的资产阶级、知识分子，还是西方来华的传教士，其阶级立场及世界观明显，其中不少人对马克思主义本就没有真正了解。也就是说，传播主体既有主观上的问题存在，亦有客观上的因素影响，导致其对马克思主义的介绍难免戴着有色眼镜，难以客观系统地进行介绍。

二是从传播内容来看，介绍者大多没有从整体上把握马克思主义的理论体系，多是根据需要零散琐碎地介绍，甚至出现断章取义的情形，由此而造成的本质上的理解误读亦不罕见。马克思主义本就是内涵丰富、逻辑严密、立意深远的科学体系，对它的研读理解本属一项极有挑战难度的任务，需要掌握其核心要义和基本原理，结合具体实际进行分析。其时很多人还难以做到这一点，一字之差，谬之千里，影响了传播的效果。

---

① 《孙中山全集》第 2 卷，中华书局 1982 年版，第 506 页。

三是从传播对象看，传播主体更多地是在其特定的圈子里介绍，影响到的人无论是立场、观点还是方法皆是有特定属性的，几乎没有涉及人民群众，自然更谈不上思想运动了。从传播原理说，受众是有思想、有感情的主体，对其的传播必须坚持实事求是的原则，考虑其知识水平、家庭环境和生存状况。但从当时的传播状况来看，在社会上大范围的传播几乎没有形成，即使是资产阶级革命派，在这一点上也颇多遗憾之处。如此一来，忽略了传播受众的实际需求，针对性的效果自然就很难体现了。

第二节　马克思主义的传播

十月革命后，作为一个系统的整体理论学说，马克思主义在中国的传播进入了一个全新的阶段。马克思主义的三个组成部分是马克思主义哲学、马克思主义政治经济学和科学社会主义。毫无疑问，这三个部分是有机整体，有内在关联性，密不可分，但在中国早期传播的过程中，确实出现了未完全同步的现象，反映了科学理论本土化错综复杂的实际状况。李大钊经过"五四"前后的潜心研究，已经基本掌握了马克思主义的理论体系，在"五四"之后先后发表了《阶级竞争与互助》《我的马克思主义观》《物质变动与道德变动》《由经济上解释中国近代思想变动的原因》《由纵的组织到横的组织》《唯物史观在现代史学上的价值》等一系列重要文章，阐述马克思主义理论，并逐步确立了他的马克思主义观。

李大钊确立了马克思主义观，其对马克思主义理论体系的宏观认识是无疑的，“马氏社会主义的理论，可大别为三部。一为关于过去的理论，就是他的历史论，也称社会组织进化论；二为关于现在的理论，就是他的经济论，也称资本主义的经济论；三为关于将来的理论，就是他的政策论，也称社会主义运动论，就是社会民主主义”。① 当然，限于种种条件，以李大钊为首的早期马克思主义者们在对马克思主义的理解上，难免存在偏颇之处，这从另一个视角，见证了马克思主义在中国的传播。

一、马克思主义哲学

（一）唯物史观

马克思主义哲学是马克思恩格斯在批判继承了德国古典哲学的优秀成果，主要是黑格尔的辩证法思想和费尔巴哈的唯物论思想之后，创新发展而成的批判旧世界、创造新世界的理论武器。在马克思主义哲学中，唯物史观是重要的组成部分，是关于人类社会发展一般规律的理论。“马克思主义是科学。它运用历史唯物主义揭示了人类社会发展的规律。”②它既批判了人们总是从神的意志、卓越人物的思想或某种隐秘的理性去说明历史发展的错误思想，又批判了资产阶级从抽象的人出发，把历史发展和社会进步的动力归结为人类的善良天性或者神秘理性的错误思想。

① 《李大钊文集》，人民出版社 1999 年版，第 18 页。

② 《邓小平文选》第 3 卷，人民出版社 1993 年版，第 382 页。

著名的马克思主义者弗兰茨·梅林在1893写作的《论历史唯物主义》一书中深刻指出："唯物主义历史观是服从于它自己所制定的那个历史运动规律的。它是历史发展的产物；在较早的时代，它是不会被任何最伟大天才的头脑虚构出来的。只有达到一定高度时，人类历史才能揭开它自己的秘密。"[①]唯物史观指导着人们正确认识历史以及历史研究的对象，以李大钊为代表的早期马克思主义者也紧紧抓住这一点，以此带动着马克思主义在中国的传播。"唯物史观正确地揭示了人类社会发展的根本动力，阐述了生产关系和生产力的关系，指出经济构造是社会的基础，因此解决社会的根本途径之一，应该首先解决旧的政治经济制度。这对先进的中国人是一个巨大的启蒙。"[②]唯物史观的传播，对先进的中国人认识社会起到了巨大作用，我们不妨从李大钊的认知中进行感触。

实际上，李大钊在对俄国十月革命的初始介绍中，尽管没有明确用唯物史观进行解读，但在字里行间始终渗透着这种思考："一九一七年俄罗斯的革命，不独是俄罗斯人心变动的显兆，实是二十世纪全世界人类普遍心理变动的显兆。"[③]世界的历史是什么？人类的发展方向在何方？李大钊敏锐地在俄国革命中看到

① [德]弗兰茨·梅林著，吉洪译：《保卫马克思主义》，人民出版社1982年版，第3页。

② 田子渝：《马克思列宁主义在中国早期传播研究综述》，《马克思主义研究》2001年第3期。

③ 《中国近代政治思想论著选辑》，中华书局1986年版，第888页。

了这种征兆。当然,李大钊自身对俄国革命及马克思主义的认识也有个过程,在1917年年末到1918年上半年的大多数时间里,看似沉默,实则在思考,试图在纷纷扰扰中看到事物的本来发展面目。在经过了思考的沉淀后,李大钊以犀利的笔锋开始了表达,这集中体现在《我的马克思主义观》中。

在文章《我的马克思主义观》中,李大钊对唯物史观进行了重点介绍。他说:"马克思的唯物史观有两个要点:其一是关于人类文化的经验的说明;其二是社会组织进化论。其一是说人类生产关系的总和,构成社会经济的构造。其二是说生产力与社会组织有密切的关系。生产力一有变动,社会组织必须随着它变动。"① 李大钊指出了唯物史观关于人与社会两个主题的阐述,在他看来,唯物史观在反映既往人类历史发展规律和轨迹的同时,也指出了未来发展的关键所在。李大钊说:"有经济的构造,作他们一切的基础……经济问题的解决,是根本解决。"②实际上,这是李大钊意识到了经济基础决定上层建筑的原理,明确生产力在社会发展变革中的决定性作用。

正所谓孤木不成林,在李大钊的影响和带动下,一些先进的知识分子也了解、理解和传播马克思主义,而李大钊任主编的《晨报》副刊提供了宣传战斗的阵地。从1919年开始,《晨报》副刊刊

---

① 《李大钊选集》,人民出版社1959年版,第186页。

② 中共中央党校党史研究室选编:《中共党史参考资料》(一),人民出版社1979年版,第122页。

登《马氏唯物史观概要》、陈溥贤的《马克思的唯物史观》等文章，对唯物史观进行集中介绍。在这些介绍性的文章中，知识分子多是把马克思主义作为异域的学理，及其在俄国革命中所发挥的指导作用进行讨论。而1921年开始，施存统的《唯物史观在中国底应用》、恽代英的《何谓国民革命》等文章，标志着中国人开始有意识地用历史唯物主义来分析中国问题。这种转变，反映了五四运动后急剧变动的社会对先进思想的需求。中国共产党人在媒体上公开表明："俄国革命，乃正是根据于马克斯主义底根本教义的，即俄国现在所施行的一切政策，也莫不以唯物史观为指针。"[①]这深刻反映出，中国共产党对俄国革命和马克思主义的认识，已经抓住了唯物史观的关键环节。

中国共产党成立后，在中国政坛刮起了一股清新而持久的革命之风，而中共与其他革命政党诸如国民党的合作，更是影响了中国民主革命运动的发展，也使得知识分子们深刻思考中国的历史和现实问题。1924年后，邝摩汉所写的《用唯物史观解释中国各种思想之变迁》一文，是用历史唯物主义分析中国思想的代表性作品，反映了中国学人在大变革大动荡中的努力和探索。

在唯物主义重大意义这一点上，李大钊比很多人看得更深刻，也更透彻。1924年5月，为纪念马克思诞辰，李大钊提出："应该细细地研考马克斯的唯物史观，怎样应用于中国今日的政治经

① 光亮：《唯物史观在中国底应用》，上海《民国日报》副刊《觉悟》，1921年9月8日，第2页。

济情形。详细一点说，就是依马克斯的唯物史观以研究怎样成了中国今日政治经济的情状，我们应该怎样去作民族独立的运动，把中国从列强压迫之下救济出来。这种研究的答案，自然是‘中国今日政治经济的情形，完全是国际帝国主义侵入的结果，中国全民族应该并力反抗那侵入中国的国际帝国主义，作民族独立的运动，从列强压迫之下把中国救济出来。’倘能循此途辙，以达于民族独立的境界，那么马克斯的学说真是拯救中国的导星，他的诞生日，必更值得我们纪念了。”①中国社会存在的问题是什么？其根源来自何方？李大钊以唯物史观，从近世以来中国所遭受的西方列强的侵袭，以及国内所发生的错综复杂的变革中，紧紧抓住了社会主要矛盾，提出了解决的办法，既指明了无产阶级运动的方向，也明确了中国共产党的奋斗任务。

关于这一点，我们还可以看下同时代的资料佐证。李汉俊《改造要全部改造》的信宣传了历史唯物主义的基本观点：“我向来不信局部的改良，不信有局部的改良，不信局部能够单独的改良。因为局部是全部的有机的部分，全部是局部的有机的集合体。全部局部无论是合理的不合理的，局部是因为全部的必要、历史的命运的存在的，他在全部里面，抵抗力是顽强的，只要全部存在，你改不了他的。你要改他，非先将这个有机的全部破坏了不可。”②这与李大钊等的言行相映照，大抵反映出当时的传播

① 《李大钊文集》第4卷，人民出版社1999年版，第376—377页。

② 李汉俊：《李汉俊文集》，中共党史出版社2013年版，第69页。

状况。

(二)阶级斗争学说

我们清楚的一点是,阶级斗争学说不是马克思最先提出来的。在马克思主义产生以前,一些资产阶级思想家从资产阶级斗争的需要出发,对历史及现实中的各阶级进行过分析,曾有过对人类历史上阶级斗争的梳理和回顾。但是由于历史和阶级的局限,这些思想家们还不能对阶级及阶级斗争有着本质上的理性认识。在对以往阶级斗争学说批判的基础上,马克思第一次揭示了阶级的本质。

1852 年 3 月 5 日,马克思在《致约·魏德迈》的信中明确指出:“无论是发现现代社会中有阶级存在或发现各阶级间的斗争,都不是我的功劳。在我以前很久,资产阶级的历史学家就已叙述过阶级斗争的历史发展,资产阶级的经济学家也已对各个阶级作过经济上的分析。我的新贡献就是证明了下列几点:(1)阶级的存在仅仅同生产发展的一定历史阶段相联系;(2)阶级斗争必然要导致无产阶级专政;(3)这个专政不过是达到消灭一切阶级和进入无阶级社会的过渡。”阶级斗争在马克思哲学中占有十分重要的地位,它是马克思哲学论证的重点,从这封信里我们清楚地感觉到马克思主义阶级斗争学说的定位。

在马克思主义哲学体系中,阶级斗争学说占有十分重要的地位,也是马克思恩格斯观察资本主义社会的重要视角:“我们的时代,资产阶级的时代,却有一个特点:它使阶级对立简单化了。整个社会分裂为两大敌对的阵营，分裂为两大相互直接对立的阶级：资产阶级和无产阶级。"①马克思主义发现了资本主义社会的实质，找到了资产阶级剥削压迫无产阶级的秘密，用阶级斗争学说揭示了社会主义取代资本主义的途径。当然，在马克思恩格斯伟大的革命生涯中，阶级斗争学说始终没有实践的机会，巴黎公社只能是留下了无尽的遗憾。这一点在俄国的无产阶级革命中有了历史性的变化，阶级斗争学说无疑完成了从理论到实践的重大转变。

在俄国十月革命的消息传到中国时，由于国内民国以来的思想现状，以及对俄国二月革命的先入为主，很多人对革命引起的激烈的社会变革难以理解，更勿论对马克思主义及阶级斗争的了解了。1919 年，李大钊的《战后世界之潮流——有血的社会革命与无血的社会革命》首开阶级斗争学说传播的先河。

从俄国的革命运动中，李大钊感受到了无产阶级政党的力量："俄国 Bolsheviki 所抱的主义"，其实"就是革命的社会主义；他们的党，就是革命的社会党；他们是奉德国社会主义经济学家马客士为宗主的；他们的目的，在把现在为社会主义的障碍的国家界限打破，把资本家独占利益的生产制度打破"。② 李大钊指出了无产阶级政党的阶级属性、理想信念、革命宗旨，同时也指出了阶级斗争的实质，这影响着中国革命运动的发展。李大钊的战

---

① 《马克思恩格斯选集》第 1 卷，人民出版社 1995 年版，第 273 页。
② 《李大钊选集》，人民出版社 1959 年版，第 114 页。

友，早期马克思主义代表性人物陈独秀，专门阐述过阶级斗争的选择缘由："我以为中国底改造与存在，大部分都要靠国际社会主义的运动帮忙，这是不容讳饰的了；国内的资本阶级虽尚幼稚，而外国资本主义底压迫是人人都知道的，因此阶级斗争的观念是中国人应该发达的了；再睁开眼睛看看我们有产阶级的政治家政客底腐败而且无能和代议制度底信用，民主政治及议会政策在中国比在欧美更格外破产了；所以中国若是采用德国社会民主党的国家社会主义，不过多多加给腐败贪污的官僚政客以作恶的机会罢了。"①

以李大钊为代表，知识分子在对马克思主义的了解中，基于现实革命斗争的需要，对阶级斗争学说日益重视。随后，阶级斗争理论的研究开始与工人运动相结合，出现了陈独秀的《劳动者底觉悟》、瞿秋白的《中国工人的状况和他们对俄国的期望》等一大批优秀文章，指导着工人运动的发展。五四运动后，对中国带来的重大变化，不仅仅表现在思想启蒙上，更体现在社会变革上，越来越多的人开始思考如何推进社会的深度变革。1921 年后，施存统的《我们要怎么样干社会革命》、毛泽东的《中国社会各阶级的分析》等文的发表体现了阶级斗争学说在中国传播深度的增加，不仅开始和中国国情结合，目的也很明确，就是要解决中国革命问题。

毛泽东在和斯诺谈话时曾回忆道，1920 年，"有三本书特别深

① 《社会主义批评》，《新青年》第 9 卷第 3 号。

刻地铭记在我的心中，使我树立起对马克思主义的信仰。我接受马克思主义，认为它是对历史的正确解释，以后，就一直没有动摇过。这三本书是：陈望道译的《共产党宣言》，这是用中文出版的第一本马克思主义的书，考茨基著的《阶级斗争》，以及柯卡普著的《社会主义史》”。[①] 这从另一方面也指出了阶级斗争学说的巨大社会影响。

对这一点，李泽厚曾指出：“尽管李大钊、陈独秀等人介绍马克思主义时，都要介绍剩余价值学说，但如果细看一下，便会发现，他们介绍的重点，真正极大地打动、影响、渗透到他们的心灵和头脑中，并直接决定或支配其实际行动的，更多是马克思主义的唯物史观。其中，又特别是阶级斗争学说。”[②]可以说，马克思主义哲学不是束之高阁的深奥理论，而是能够和“具体实践”相结合的科学理论。这个具体实践，就是指导无产阶级革命斗争的政治实践。结合当时的历史条件，这种指导无产阶级革命斗争的阶级斗争学说使得俄国历史发生了巨大转折，又注定在中国起到推翻旧世界、建立新中国的巨大作用。同时，我们从长时段的历史观看，这种阶级斗争模式对中国人思维方式的影响也是十分固执而长远的。

二、马克思主义政治经济学

在马克思主义政治经济学乃至马克思主义中，剩余价值学说

---

① 《毛泽东自述》，人民出版社 2008 年版，第 45 页。

② 李泽厚：《马克思主义在中国》，生活·读书·新知三联书店 1988 年版，第 5 页。

具有不可估量的价值。马克思以剩余价值学说发现了19世纪资本主义剥削工人的秘密，找到了工人阶级贫困的根源。对中国的工人阶级来说，其产生于资产阶级之前，但仅就所受剥削压迫这一点来说，与其他国家和地区的工人阶级是没有区别的，剩余价值学说在中国受到早期马克思主义者的重视是不言而喻的。

1920年以前，对剩余价值学说的传播主要是作品翻译，如邝摩汉所译的《马克思剩余价值论》和陈溥贤所译的《马克思经济学说》，从社会学说视角介绍的色彩十分浓厚。从1921年至1922年，中国人对剩余价值理论研究的文章和专著开始出现，如陈昭彦的《马克思主义经济学》。理论的传播推动着研究的进展，1923年至1927年间，中国共产党人开始运用剩余价值理论来探索中国的经济发展，如瞿秋白的《马克思主义之意义》等文，已经表明有识之士关于阶级和阶级斗争的思考到了一个前所未有的高度。

对此，陈独秀曾有过明确的说明："马克思底经济学说，和以前个人主义的经济学说不同之特点，是在说明剩余价值之如何成立及实现。"①陈独秀一是指出了先前经济学说的特征，个人主义色彩浓厚既是时代的映照，又是理论家自身的认识所限；一是指出了马克思主义剩余价值学说的特征，是理论家对现实问题的观察而得出的科学理论。

三、科学社会主义

科学社会主义不是无根之木，无源之水，而是马克思恩格斯

① 《陈独秀文集》第2卷，人民出版社2013年版，第233页。

汇聚前人智慧，剖析社会现实的理论创新。在这一点上，空想社会主义对科学社会主义的创立是起到巨大理论基础作用的，正如李大钊所言，“空想社会主义是母，科学社会主义是子，故其关系颇切，此二种主义不同之点，即在历史观各有不同。如空想社会主义，以为社会之进步，由于理想。科学社会主义以为由于经济之条件，若无经济条件，无论有何种思想，决不能使社会进步”。[①]李大钊指出了科学社会主义和空想社会主义密切的理论渊源，特别是从实践基础和实现路径上指出了二者的根本性区别，这在当时体现出了其极为可贵的判断能力和前瞻意识。

李大钊对科学社会主义的传播，有一个历史的过程。在经过思考沉淀后，特别是经过五四运动的革命斗争实践，1920 年以后，李大钊先后发表了《社会主义与社会运动》《社会主义下之实业》《由平民政治到工人政治》《社会主义下的经济组织》《社会主义释疑》等文章，探讨了无产阶级专政、社会主义的经济制度、社会主义与民主等重要问题，对科学社会主义一系列的原则性问题进行了讨论。

科学社会主义描绘了共产主义的美好蓝图，指明了通往这美好社会的道路。对此，李大钊是有着清醒认识的：“自马氏与昂格思合布《共产党宣言》，大声疾呼，檄告举世劳工阶级，促他们联合起来，推倒资本主义，大家才知道社会主义的实现，离开人民本

① 《李大钊选集》，人民出版社 1959 年版，第 385 页。

身，是万万作不到的，这是马克思主义一个绝大的功绩。”[①]只有依靠人民大众，只有全世界无产阶级联合起来，科学社会主义才能实现从理论到实践的巨大飞跃。

如何把握科学社会主义的核心要义？李大钊通过 Democracy 一词给予了经典解读。1921 年，李大钊在《由平民政治到工人政治》中对“Democracy”作了新的诠释：“Democracy 这个字最不容易翻译。由政治上解释他，可以说为一种制度。而由社会生活的种种方面去观察，他实在是近世纪的趋势，现世界的潮流，遍社会生活的各方面几无一不是 Democracy 底表现。……但为免掉弄小他的范围起见，可以直译为‘德谟克拉西’……德谟克拉西与社会主义，在精神上亦复相同。真正的德谟克拉西，其目的在废除统治与屈服的关系，在打破擅用他人一如器物的制度。”[②]李大钊在制度层面的解读具有特殊的意义，这超越了当时很多人沉浸于某些政治运动和政治事件的解读，而是试图从长时段历史进程中把握具有共趋性的历史因素，来破解中国的政治困局。

实际上，早在孙中山先生逝世之前，李大钊即对俄国十月革命成功后对孙中山的巨大影响进行过阐述：“使中山先生认中国国民革命为世界革命的一部的信念愈益坚确，使中山先生把中国国民革命运动与世界无产阶级革命运动联接起来的努力愈益猛

① 《李大钊全集》第 3 卷，人民出版社 2006 年版，第 32 页。

② 《李大钊文集》第 4 卷，人民出版社 1999 年版，第 139—144 页。

烈”。[①] 孙中山在西方寻求真理屡屡碰壁后，十月革命传来的炮声，仿佛使他感受到了新的希望，之后国民党的改组，以及和中国共产党的合作，也证明了这一点。

而李大钊对科学社会主义的认识，曾经困扰着无数志在救国救民的探索者们，也包括孙中山。1923 年 11 月，孙中山在广州大本营对国民党员演讲时说：“俄国革命之发动迟我国六年，而俄国经一度之革命，即能贯彻他等之主义，且自革命以后，革命政府日趋巩固。同是革命，何以俄国能成功，而中国不能成功？”[②]孙中山既是在向国民党员提出革命的问题，也是在释放自己几十年从事革命斗争的感慨。遗憾的是，孙中山没有找到使中国摆脱内外交困窘境的道路，而以李大钊为代表的中国共产党人，对此进行了回答。

李大钊认为中国具备了实行社会主义的条件：“中国实行社会主义，不愁缺乏资本，尤不愁缺乏劳力……且中国不实行社会主义，则官僚之势力太大，他们也是掣肘实业的人。”[③]这虽然在认识上对中国的经济状况实质有不深刻之处，反映出思想认识有一个发展变化的过程，但道出了实行社会主义的重要条件，这是具有重要意义的。而李大钊对科学社会主义在中国的实现充满信心：“鸡子在卵壳里，长了眼睛，长了头，长了毛，既然非打破这壳

① 《李大钊全集》第 5 卷，人民出版社 2006 年版，第 152 页。
② 《孙中山全集》第 8 卷，中华书局 2006 年版，第 436—437 页。
③ 《李大钊文集》第 4 卷，人民出版社，1999 年版，第 81 页。

不可，那么，‘社会主义’到了他羽毛丰满的时候，自然也非打破资本主义不可。鸡子打破他的卵壳，‘社会主义’去打破资本主义，这都是‘革命’——‘革命是不可避免的’。”①李大钊向民众发出了革命的呼声，而马克思主义的传播注定将指导着革命运动在中国大地上轰轰烈烈地开展。

① 《李大钊文集》第4卷，人民出版社，1999年版，第183页。

第四章　新时代视阈下的传播启示

正所谓年年岁岁花相似，岁岁年年人不同，百年之间，一代又一代的国人为民族复兴付出了青春年华，中国也经历了足以载入人类发展史册的沧桑巨变，马克思主义展现了强大的生命力和战斗力。自然，这与马克思主义初始传播时扎根之深是有至关重要的联系的，特别是其中反映出的诸多原则性方式方法，对马克思主义在新时代巩固思想上的指导地位及提高传播的实效性有着重要启示作用。

第一节　理论建构的指导与引导

马克思说："理论只要说服人，就能掌握群众；而理论只要彻底，就能说服人。"①马克思主义之所以能够指导不同国度及不同立场的工人阶级为之而奋斗，就在于其建构了逻辑严密的理论体

① 《马克思恩格斯选集》第 1 卷，人民出版社 1972 年版，第 9 页。

系，特别是这个理论所拥有的与时俱进的特质，使得其散发着催人奋进的魅力。从一定程度上说，俄国布尔什维克能够取得十月革命的胜利，一个重要的缘由即是以列宁为代表的领导层在革命实践中把马克思主义俄国化，形成了具有民族特质的理论——列宁主义。显然，这对于中国革命运动中的理论建构来说具有巨大启示。那么，马克思主义在中国的早期传播中，理论建构的形成轨迹及作用发挥又如何呢？

在马克思主义的早期传播中，理论建构对传播主体的影响是巨大的。我们大体上可以把传播主体分为两大类。一类是坚定的马克思主义者，他们理想信念坚定，对马克思主义在经历了了解、服膺后，迅速投身于马克思主义传播中，最终使得马克思主义在中国大地上开花结果。他们大多是具有初步共产主义思想的知识分子，经受住了革命斗争的考验，很多人成为党的创建者乃至共和国的创建者，为中华民族立下了不朽的功勋。另一类人则没有经受住革命的严峻考验，在马克思主义传播的斗争中丧失了理想信念，甚至走向了马克思主义和人民群众的对立面，诸如戴季陶、陈公博、周佛海等人。他们之所以走上不归路，除了家庭环境、教育背景、社会影响等缘由之外，特别关键的一点是他们对马克思主义的认识和理解不够深刻，政治立场不够坚定，也从另外一个视角反映出当时整体的理论氛围还不浓厚，理论教育大环境的影响还不足够强烈。“田子渝教授选取 1919—1922 年《新青年》、《共产党》月刊、上海《民国日报》副刊、上海《星期评论》、《劳动界》期刊中具有共产党身份的作者进行量化分析发现，这些人的年龄结构除了陈独秀当时是中年人，其他皆是年轻人。20 岁以下的 4 人，20～30 岁有 30 人，31 岁以上有 4 人。最年长的陈独秀也仅仅 41 岁，最小的严家凤只有 17 岁。”[①]年龄分析给我们的提示显然是两方面的：一方面是新青年在时代大潮中切实发挥了先锋作用，引领了思想解放和实践活动的方向；另一方面是青年人在活跃的同时，在坚定、坚决、坚毅等方面难免存在不尽如人意之处，这种客观因素也让我们对历史的错综复杂有了另一层理解。

正如前文所说，在早期马克思主义者之前，资产阶级知识分子在传播马克思主义上发挥了重要作用。但由于其阶级立场、观点和方法的问题，使其对马克思主义的理解存在很大的问题，自然谈不上将科学的理论应用于革命斗争中，资产阶级革命的最终失败也就可想而知了。而具有初步共产主义思想的知识分子在传播马克思主义的过程中，逐渐加深了对理论的理解，进而用马克思主义的基本原理对中国的客观实际进行分析，在对国情有了科学认识后成立了无产阶级政党——中国共产党，开启了新民主主义革命的伟大斗争。毛泽东曾说：“在马克思主义看来，理论是重要的，它的重要性充分地表现在列宁说过的一句话：没有革命的理论，就不会有革命的成功。”[②]对比资产阶级和无产阶级，很重

① 张爽：《马克思主义在中国早期传播的多元性研究》，《学术月刊》2018 年第 10 期。

② 《毛泽东选集》第 1 卷，人民出版社 1991 年版，第 292 页。

要的一个不同就在于是否对马克思主义有了深刻了解，是否对马克思主义有了坚定信仰，是否善于运用科学的理论去指导革命的实践。

历史已经验证了，知识分子是马克思主义早期传播的主力军。他们大多受过现代化的教育，拥有较强的认知能力和判断能力，忧虑于民族的救亡图存大业，是怀着满腔的爱国热情接触马克思主义的。他们渴望中国早日摆脱被剥削压迫的局面，早日实现民族解放和民族独立，而马克思主义似乎满足了他们的这种诉求。也就在他们了解、传播马克思主义的过程中，逐步完成了从爱国的知识分子向具有初步共产主义思想的马克思主义者的转变。在马克思主义的传播过程中，早期马克思主义者们根据马克思主义的经典原理，以及俄国革命运动的成功经验，努力将马克思主义和工人运动结合起来。“批判的武器当然不能代替武器的批判，物质力量只能用物质力量来摧毁；但是理论一经掌握群众，也会变成物质力量。”①根据工人队伍知识文化水平大多不高的实际，他们通过组建工人夜校、办通俗小报、穿普通衣衫、说通俗话语等形式，让工人阶级传播马克思主义理论这个思想武器，为无产阶级政党的建立做了多方面的准备。通过革命实践活动，不但早期马克思主义者自身的信仰更加坚定，同时也指引着一大批先进分子向马克思主义队伍靠拢，马克思主义理论队伍雏形已经显现出来了。

---

①《马克思恩格斯文集》第1卷，人民出版社2009年版，第11页。

我们站在新时代历史的高度回顾马克思主义传入中国及随后的传播，既是历史的必然，具有不可逆的历史趋势，同时也必须注意到，这是无数具有爱国热情和革命斗志的革命先驱齐心协力、共同奋斗的结果。正如上文说到的陈公博、周佛海等人一样，马克思主义传播的过程中，既有背信弃义者，又有试图混淆视听者，使得马克思主义的传播一度风波不断。但历史发展的主流是，19 世纪末 20 世纪初以来，在民族危机日益加深的情况下，不少不甘于做亡国奴的有识之士，寻求强国御侮之道。他们把西方流行的自由主义、民主主义、无政府主义、工读主义、吉尔特社会主义等介绍到中国来，试图改变落后挨打的面貌。这种救亡图存的探索中，难免会呈现乱花渐欲迷人眼的局面。一时间，社会上思潮纷纭，甚至出现了鱼龙混杂之状况，在客观上（在一定程度上甚至在主观上也形成了）形成了对马克思主义的冲击和困扰。正如我们在前文中分析的，以李大钊、陈独秀等为代表的马克思主义者在错综复杂的局面中没有迷失和慌乱，而是充分意识到了形势的严峻，开展了与自由主义、吉尔特社会主义和无政府主义的大论战，对各种非马克思主义思潮以批判，对马克思主义进行了宣扬。一时间，社会主义成了时髦流行的词汇，引起了很多人特别是青年人的极大兴趣。他们不少人在了解马克思主义的过程中，对这一科学理论愈深入了解，愈感觉到这一理论对中国的重大意义，主动地加入到坚持和传播马克思主义的队伍中，使得这支队伍的规模愈益壮大。

这给我们一个强烈的历史启示,即知识分子在马克思主义传播中不可替代的重要作用。实际上,不仅在马克思主义早期传播中,而且在整个革命年代,知识分子都发挥着重要作用。中华人民共和国成立后,党和国家高度重视知识分子在经济社会发展中的作用。"如果有这样一个人,他不仅是有独创见解的思想家,而且在他自己的领域里具有无比渊博的学识,那他就应当加倍地受到赞许。"①邓小平早就指出:"中国的事情能不能办好,社会主义和改革开放能不能坚持,经济能不能快一点发展起来,国家能不能长治久安,从一定意义上说,关键在人。"②改革开放以来,党和政府解放思想,从政策、资金、生活等各方面保障知识分子的利益,调动他们的积极性和创造性,使他们在改革开放中发挥了重要作用。

十八大以来,党和政府高度重视知识分子的重要作用,习近平总书记多次就知识分子在经济社会发展中的重要作用进行论述,指出知识分子是国家不可估量的宝贵财富,在新时代承担着历史所赋予的使命,是实现民族复兴中国梦的主力军。也就是说,要建立知识分子对马克思主义的理论认同,建立对科学理论的信仰,这是中国特色社会主义事业建设的必然要求。习近平总书记指出:"实事求是,是马克思主义的根本观点,是中国共产党人认识世界、改造世界的根本要求,是我们党的基本思想方法、工

① 《马克思恩格斯全集》第16卷,人民出版社1964年版,第423页。
② 《邓小平文选》第3卷,人民出版社1993年版,第380页。

作方法、领导方法。不论过去、现在和将来，我们都要坚持一切从实际出发，理论联系实际，在实践中检验真理和发展真理。”[①]从知识分子的视角来看，若全身心地投入到经济社会的发展中，将个人价值的实现融入到国家和社会的发展中，必须政治立场坚定，在思想上感情上建立起对马克思主义的认同，才能明确自己的社会责任。

新时代意味着千年未有的历史机遇，同时也带来了严峻的挑战。习近平总书记指出：“我们党要团结带领人民有效应对重大挑战、抵御重大风险、克服重大阻力、解决重大矛盾，必须进行具有许多新的历史特点的伟大斗争，任何贪图享受、消极懈怠、回避矛盾的思想和行为都是错误的。”[②]在全面深化改革的历史进程中，我们与世界的联系越来越紧密，西方的思潮不断涌入国内，互联网技术的发展又加快了这一进程。在这些思潮中，既有其他民族在实践中形成的智慧结晶，为我们的发展提供了借鉴、参考的视角；又有不少糟粕性的东西，冲击着我们的思想阵地。特别要引起警惕的是，这些思想往往包裹在华丽的伪装下，具有很大的欺骗性和迷惑性。他们无视中国所取得的人类历史上的奇迹，用所谓的“民主”“自由”“科学”对马克思主义大行攻击之事，对中国模式、中国道路、中国方案妄加指责，更有甚者，以“历史终结论”

① 习近平：《在纪念毛泽东同志诞辰120周年座谈会上的讲话》，《人民日报》，2013年12月27日。

② 习近平：《决胜全面建成小康社会　夺取新时代中国特色社会主义伟大胜利——在中国共产党第十九次全国代表大会上的报告》，人民出版社2017年版，第15页。

“马克思主义过时论”“中国崩溃论”等为由，妄图破坏社会主义建设的历史进程。在这其中，我们大多数人能够严守阵地，明辨是非，与混淆思想者进行坚决的斗争。但也有一些立场不坚定者，本身在对马克思主义的学习上就不够系统深入，在错误思想的腐蚀下，内心产生了动摇，对我们信奉的马克思主义、坚持的中国特色社会主义道路、进行的民族复兴的伟业产生了怀疑。更有甚者，主动或者不自觉地充当了西方意识形态攻击的工具，对西方所谓的思潮大力宣扬，甚至成了资产阶级腐朽生活的代言人。

我们与这种现象，与这种人在进行坚持不懈斗争的同时，更重要的是透过现象发现本质，从思想上认清背后所隐藏的东西是什么。实际上，之所以有人对马克思主义产生了怀疑，对自己生活的环境和方式失去了信心，除了西方思潮的诱惑外，更为重要的是自身出了问题。也就是说，他们没有真正认识到马克思主义的真谛，没有建立起对科学理论的真正认同，这种没有理论支撑的价值观念禁不起真正的考验。习近平总书记曾说：“战略问题是一个政党、一个国家的根本性问题。战略上判断得准确，战略上谋划得科学，战略上赢得主动，党和人民的事业就大有希望。”① 面对这种错综复杂的局面及挑战，马克思主义的传播肩负着历史重任，理论建构的重要性不言而喻。除了知识分子群体外，人民大众对马克思主义的理解和践行同样重要。考虑到人民群众在专业性和知识性上的特点，马克思主义的大众化迫在眉睫。这就

① 习近平：《在纪念邓小平同志诞辰110周年座谈会上的讲话》，《人民日报》，2014年8月21日。

意味着，我们要针对人民群众关心的热点、难点和焦点问题，及时用通俗易懂的方式，运用马克思主义进行科学的解答，营造一个全社会学理论懂理论的良好氛围。

正如恩格斯“社会平行四边形”理论所阐述的那样，“无论历史的结局如何，人们总是通过每一个人追求他自己的、自觉预期的目的来创造他们的历史，而这许多按不同方向活动的愿望及其对外部世界的各种各样作用的合力，就是历史”。① 这既是对理论建构中知识分子重要作用的肯定，又是在提醒我们，不能夸大知识分子的作用，从而忽略了人民群众才是历史的创造者。

第二节 本土化的模式与策略

马克思主义在中国的早期传播，第一个要克服的即是“水土不服”的现实问题。“当中国第一批马克思主义者致力于为实现共产主义的理想而奋斗时，他们首先要面对中国的实际，他们不得不思考如何用马克思主义的真理解决中国社会的现实出路问题，从而引发了马克思主义中国化的思想嚆矢。”②而一旦解决了这个问题，马克思主义自然逐步展现出了与中国社会天然的关联性和契合度。而先进的知识分子选择马克思主义，也是“从中国

① 《马克思恩格斯选集》第4卷，人民出版社2012年版，第254页。

② 张允熠、郝良华：《陈独秀、李大钊和毛泽东——马克思主义中国化的早期心路历程》，《安徽史学》2000年第4期。

社会的实际需要出发,对各种学说和救国方案进行批判性的分析和比较的结果”。① 马克思主义的普遍真理和中国具体实际相结合,指导着中国革命运动实现了由旧到新的巨大转变。

一、与中国传统文化相结合

“任何民族的命运,胥决之于其对于时代环境的适应力,亦即决之于文化”,而中华文化的特质是“成就比较丰厚,号称华夏,含有美好与博大之意。如他族亦有其文化,则等视其观,既不排外,亦不自大”。② 这道出了中华文化重要且鲜明的一个特质,亦即它强大的包容性和开放性。这一点,使得中华文化即使在最辉煌的时刻,依然没有关上流通的大门,并使得其核心特质具有了超越时空的魅力。

马克思主义早期传播时,正处于新文化运动后“打倒孔家店”的思想活跃时期,对传统文化全盘否定的错误倾向导致有些人产生了较为极端的错误判断,认为在学习马克思主义时,无须考虑与传统文化的结合问题。不得不承认,照搬、套用、模仿等行为在早期传播中的痕迹明显,在一定程度上影响了马克思主义的传播效果。而中华优秀传统文化中,有着和马克思主义性质天然相近的内容。比如老子提出的“甘其食,美其服,安其君,乐其俗”③的观点,墨子坚持的“天下之人皆相爱,强不执弱,众不劫寡,富不侮

① 黄黎:《马克思主义在中国的早期传播与影响》,《中国国家博物馆馆刊》2018 年第 9 期。

② 郭廷以:《近代中国史纲》,中华书局 2018 年版,第 2 页。

③ 《老子》,湖南出版社 1994 年版,第 180 页。

贫，贵不敖贱，诈不欺愚”[①]的学说，特别是孔子对未来世界提出畅想的理想格局：“大道之行也，天下为公，选贤与能，讲信修睦。故人不独亲其亲，不独子其子。使老有所终，壮有所用，幼有所长，鳏、寡、孤、独、废疾者皆有所养，男有分，女有归。货恶其弃于地也，不必藏于己；力恶其不出于身也，不必为己。是故谋闭而不兴，盗窃乱贼而不作，故外户而不闭。是谓大同。”[②]中国历史上的治理呈现出鲜明的关注社会现实的特质，王朝政府在家天下的大原则下通过思想文化、风俗习惯、体制机制等治理着国家。例如，春秋战国时期社会动荡，多样思潮争鸣碰撞，儒家倡导“仁政”，主张以“德治”“礼治”来控制社会运行，道家则认为“无为而治”才是理想的治国状态，墨家宣扬以“兼相爱”“交相利”为核心的“贵兼”思想，法家则秉承“以法治国”的宗旨，这种大变动中的百家争鸣恰是统治阶级在探索如何进行王朝更好治理的反映。这体现了中国传统文化所强调的治理，中国传统文化中的治理思想反映出国家治理的重要形态，代表着精英群体对塑造理想王国的孜孜不倦的追求。凡此种种，与马克思主义所描绘的共产主义社会是颇有内在渊源的。

从当时的思想文化实际来看，新文化运动和五四运动的爆发，大力弘扬了近代民主科学的观念，从根本上改变了当时的社会风气，为马克思主义在中国的早期传播进行了思想理论上的准

① 施明译注：《墨子》，广州出版社2001年版，第95页。

② 徐超等选编：《戴圣·礼记》，山东友谊出版社2000年版，第102页。

备，这种历史功绩怎么评述都不为过。但辩证地看，在这其中也有需要警醒的东西，如新文化运动中不少知识分子存在绝对的倾向，认为西方舶来的都是好的，中国传统的都是坏的，在“打倒孔家店”的口号下用简单粗暴的态度否定中国传统文化。显然这种绝对的态度，不仅舍弃了传统文化中的精髓，更谈不上与外来文化中的优秀因子进行融合吸收了。令人遗憾的是，新文化运动中的这种缺憾，在一定程度上影响了后来的革命者，使得他们在对传统文化的判断上也出现了极端绝对的倾向，对优秀传统文化的重视不够。对这一历史现象，早在 1938 年，毛泽东就明确指出：“今天的中国是历史的中国的一个发展；我们是马克思主义的历史主义者，我们不应当割断历史。从孔夫子到孙中山，我们应当给以总结，承继这一份珍贵的遗产。”①结果在对马克思主义的早期传播中，过分强调俄国的革命经验，认为照搬照用即可解决中国的现实问题，对与中国优秀传统文化的结合缺乏意识，自然影响到了马克思主义传播的效果。

这提示我们，在马克思主义的传播过程中，要做好两方面的工作。一方面，要充分注意到中华优秀传统文化和马克思主义之间的天然契合性。中华民族历史悠久，勤劳勇敢的中国人在漫长的生产生活实践中形成了灿烂的中华文化，具有鲜明民族特质，不仅是中国人民集体智慧的结晶，而且在人类历史上也闪烁着耀眼的思想光芒，甚至在今天亦闪烁着让人心醉的思想之光。中华

---

①《毛泽东选集》第 2 卷，人民出版社 1991 年版，第 534 页。

优秀传统文化孕育于中华民族五千年的生产生活实践中，内涵丰富，特征鲜明，包含着中国人民的辛勤劳作和思想智慧，在很多方面都与马克思主义有着相通之处。马克思主义是马克思恩格斯根据西方的思想文化传统，立足于西方的社会发展实际，进行了充分的思考之后的重大理论创新，蕴藏着天才的智慧。但同时，马克思主义又是关于人类社会发展规律的科学解读，不但与中华优秀传统文化没有多少隔膜，反而存在着天然的契合性。如马克思主义认为人类社会的最高阶段是共产主义社会，这个社会没有剥削压迫和私有制的存在，而是在“公平、正义、和谐”的社会环境中遵循“各尽其能，各取所需”，人们过着自由美满的幸福生活，这与传统文化中的很多内容是有相通之处的。再如，马克思主义认为历史的创造者是人民群众，要尊重人民群众的首创精神。我国传统文化中，即使在封建专制主义之下，依然有“民为贵，君为轻”“水能载舟亦能覆舟”等思想，二者在对人民群众的态度上是有共通之处的。

另一方面，要把马克思主义的宣传教育和中华优秀文化的传承创新结合起来。习近平总书记非常重视中华优秀传统文化，强调要使中华优秀传统文化成为涵养社会主义核心价值观的重要源泉。从历史的视角看，马克思主义之所以能在中国的社会土壤上扎根，结出累累硕果，就在于把马克思主义基本原理和中国具体实际进行了结合，实现了基于中国切身需求的本土化和民族化。在新时代，马克思主义吸收了中华优秀传统文化的优秀因子，使其更具有中国韵味；中华优秀传统文化融入马克思主义的科学内涵，实现更具有科学性的时代发展。要做到这一点，显然要在转化上下工夫。对此，我们不妨从马克思主义经典作家的论述及思考中寻求启示。正如恩格斯所深刻指出的："一切以往的道德论归根到底都是当时的社会经济状况的产物。而社会直到现在是在阶级对立中运动的，所以道德始终是阶级的道德；它或者为统治阶级的统治和利益辩护，或者当被压迫阶级变得足够强大时，代表被压迫者对这个统治的反抗和他们的未来利益。"①这提示我们，中华优秀传统文化为马克思主义提供了民族的营养，二者实现互融互通，无疑将为中国特色社会主义事业的不断深入提供强大的思想理论武器。

二、与中国社会实际相结合

任何理论是否能够被接受，关键是看其是否有实际效用，是否能够更好地解决社会问题。回顾马克思主义早期传播的历程，其传播有一个历史过程，其发挥思想指导作用更是一个历史的过程。这个历史过程的长短，和马克思主义与中国社会实际结合的深度广度有着关键性的关系。也就是说，马克思主义和中国的社会实际结合得越紧密，其传播就会越迅捷，指导作用的发挥就会越快；如果马克思主义和中国的社会实际结合得不够紧密，那就很难发挥其应有的功效，也会使得中国社会问题的解决经历更多的波折。所以，在马克思主义的传播中，不仅仅要把完整的理论

---

①《马克思恩格斯选集》第 3 卷，人民出版社 1995 年版，第 435 页。

体系进行推广传播，更重要的是要把基本原理灵活运用到中国的具体实践中去。我们只有坚持不唯书、不唯上、只唯实的原则，才能做到科学地运用马克思主义，去解决中国的现实问题。在这个过程中，我们势必会加深对马克思主义的整体理解，这种思想上的认知深化会进一步推动马克思主义的传播。

早期马克思主义者对此有着清醒认识。李大钊很早就提出："大凡一个主义，都有理想与实用两面……把这个理想适用到实际的政治上去，那就因时、因所、因事的性质情形，有些不同。社会主义，亦复如是。……我们只要把这个那个的主义，拿来作工具，用以为实际的运动，他会因时、因所、因事的性质情形生一种适应环境的变化。"①这提醒我们要注意到，马克思主义在中国早期传播的过程，是和中国实际相结合逐渐中国化的过程。马克思主义和俄国革命实际相结合，促使社会发生了由旧到新的历史性转变，也让很多人意识到这一经验同样适用于国情类似的中国，因为"都市中、乡村里所见所闻的，都含有许多危机，仿佛有布尔扎维克紧跟着似的"，"这布尔扎维克虽是一个极新鲜的东西，却喜欢光顾着最腐败的地方，我们中国自然是布尔扎维克必游之地"。② 那自然是从俄国革命实际中的观察，以此类推到中国社会实际作出的判断。

从理论上进行分析，这也是我们与俄国十月革命的观感相联

① 《李大钊文集》第3卷，人民出版社1999年版，第3页。

② 王光祈：《工作与人生》，《新青年》第6卷第4号，1919年4月15日。

系,“十月革命对中国现代观念系统转化的功能主要表现在它作为社会革命成功的样板,促使列宁主义在中国的传播和形成中国式的马列意识形态体系”。[①] 这恰是19世纪末20世纪初以来,在改良主义式微、革命气息渐浓的环境下,中国社会变革所需的理论与实践经验。

关于这一点,李大钊曾有过多次意义重大的论述。1920年,李大钊在《社会主义与社会运动》一文中明确指出,社会主义“因各地、各时之情形不同,务求其适合者行之,遂发生共性与特性结合的一种新制度(共性是普遍性,特性是随时随地不同者),故中国将来发生之时,必与英、德、俄……有异”。[②] 那么,在注意到具体问题具体分析的前提下,到底怎么做好这种结合,这是一个现实性特别强的理论和现实问题。

所以,有学者指出:“近代以来,没有哪一种学说,可以超过马克思主义对中国社会的影响,但是,当我们看到马克思主义理论本身的科学性的同时,如果不把马克思主义中国化,如果没有在此基础上的理论创新与实践创新,马克思主义在中国社会变革中的意义也是不可以理解的。”[③]这是对历史发展的客观描述,明确指出了马克思主义中国化的重大意义,尽管这是站在后来者的

---

① 金观涛、刘青峰:《五四新青年群体为何放弃“自由主义”?——重大事件与观念演变互动之研究》,《二十一世纪》,2004年4月号。

② 《李大钊文集》第4卷,人民出版社1999年版,第3页。

③ 田克勤:《马克思主义中国化的理论轨迹》,中共党史出版社2006年版,第42页。

高度。

对此，领导中国革命取得伟大胜利的中国共产党，特别是其中代表性人物毛泽东的话更具有说服力："马克思列宁主义来到中国之所以发生这样大的作用，是因为中国社会条件有了这种需要，是因为同中国人民革命实践发生了联系，是因为被中国人民掌握了。任何思想，如果不和客观的实际的事物相联系，如果没有客观存在的需要，如果不为人民群众所掌握，即使是最好的东西，即使是马克思列宁主义、也是不起作用的。"①从一定意义上说，这不仅是革命经验，而且在凝练生化后成为贯穿建设、改革时期的经验式法宝。

中华人民共和国成立后，中国共产党团结带领人民群众开始了前所未有的建设里程。作为第一个社会主义强国，苏联社会主义建设的经验自然成为学习效仿的对象，而且在现实阶级社会发展中取得了令世人瞩目的成绩，但在一定程度上说，使得苏联模式所不能克服的困境及由此产生的问题暂时被忽视。苏共二十大，赫鲁晓夫的秘密报告掀起了轩然大波，也促使中国共产党开始了深刻反思。1959年，毛泽东曾说："我们已经进入社会主义时代，出现了一系列的新问题，如果单有《实践论》《矛盾论》，不适应新的需要，写出新的著作，形成新的理论，也是不行的。"②毛泽东的话，是在对苏联模式有了一定程度的深刻认识后，对走自己道路的宣言，并由此开启了马克思主义和中国社会实际的第二次

① 《毛泽东选集》第4卷，人民出版社1991年版，第1515页。

② 《毛泽东文集》第8卷，人民出版社1999年版，第109页。

结合。

在结束了“左”的错误后，中国进入了改革开放的新时期。在结束了以阶级斗争为主要内容的政治生活后，中国共产党人解放思想，从马克思主义理论与实践的结合上思考中国的发展问题。邓小平强调：“把马克思主义的普遍真理同我国的具体实际结合起来，走自己的道路，建设有中国特色的社会主义，这就是我们总结长期历史经验得出的基本结论。”①中国特色的社会主义，自此在中国大地上深深扎根，推动着这个近代以来多经磨难的民族在复兴的道路上阔步前行。

习近平指出：“十八大以来，国内外形势变化和我国各项事业发展都给我们提出了一个重大时代课题，这就是必须从理论和实践结合上系统回答新时代坚持和发展什么样的中国特色社会主义、怎样坚持和发展中国特色社会主义。”②今天，中国到了改革开放攻坚克难的深水区，主要矛盾的变化要求马克思主义的传播必须紧紧抓住新时代的历史方位，切实有效地解决发展中的问题。

中国的发展必须坚持以人民为中心的思想。习近平强调：“要坚持以人民为中心的发展思想，这是马克思主义政治经济学的根本立场。要坚持把增进人民福祉、促进人的全面发展、朝着共同富裕方向稳步前进作为经济发展的出发点和落脚点，部署经

---

① 《邓小平文选》第3卷，人民出版社1993年版，第3页。

② 习近平：《决胜全面建成小康社会　夺取新时代中国特色社会主义伟大胜利——在中国共产党第十九次全国代表大会上的报告》，人民出版社2017年版，第18页。

济工作、制定经济政策、推动经济发展都要牢牢坚持这个根本立场。"[①]只有以人民为中心，才能始终坚持正确的发展方向，才能扎实推动中国特色社会主义事业的发展。

需要特别指出的是，习近平的长时段历史观给我们推进事业的发展提供了历史的视野。习近平指出："从形成更加成熟更加定型的制度看，我国社会主义实践的前半程已经走过了，前半程我们的主要历史任务是建立社会主义基本制度，并在这个基础上进行改革，现在已经有了很好的基础。后半程，我们的主要历史任务是完善和发展中国特色社会主义制度，为党和国家事业发展、为人民幸福安康、为社会和谐稳定、为国家长治久安提供一整套更完备、更稳定、更管用的制度体系。"[②]在党的十九届四中全会专题讨论国家制度和国家治理问题后，我们对制度、治理、政党建设等重要问题的思考，变得更具有时代价值和历史意义。

三、与党的建设相结合

作为一种科学理论，马克思主义揭示了自然界、人类社会和思维的规律；作为一种指导思想，马克思必然指导无产阶级政党孕育、诞生、发展、成熟，直至实现最低理想和最高理想。所以，马克思主义的传播与党的建设是分不开的，二者相辅相成，使得中国实现了伟大的社会转折与举世瞩目的社会发展。恩格斯曾经

---

① 习近平：《立足我国国情和我国发展实践　发展当代中国马克思主义政治经济学》，《人民日报》，2015 年 11 月 25 日。

② 中共中央文献研究室编著：《习近平关于全面建成小康社会论述摘编》，中央文献出版社 2016 年版，第 79 页。

说过:“要使无产阶级在决定关头强大到足以取得胜利,无产阶级必须(马克思和我从 1847 年以来就坚持这种立场)组成一个不同于其他所有政党并与它们对立的特殊政党,一个自觉的阶级政党。”①马克思主义既阐明了政党建设的重要性,又指出了先进理论与政党之间的内在关系。

提到党的建设,特别是置于近代以来民族救亡的历史语境中,必然要回顾革命先驱陈独秀、李大钊等人的活动。例如,作为中国首举马克思主义传播大旗的李大钊,实际上是在了解、传播马克思主义的过程中,始终坚持马克思主义要与中国的革命实际相联系的。“与俄国曾经经过普列汉诺夫等人的多年介绍、翻译、研究、宣传马克思主义,具有思想理论的准备阶段不大相同,马克思主义在中国,一开始便是作为指导当前行动的直接指南而被接受、理解和运用的。马克思主义在中国的第一天所展现的便是这种革命实践的性格。”②正是在这一过程中,马克思主义表现出了对革命直接而强烈的指导性,在俄国革命运动中体现出来的指导意义,也将在中国革命运动中发挥难以估量的历史性意义。

而对这种指导性的反映,恰是表现在革命的征途中每个人的不同面相:“有的是在打破了民主主义的幻想之后,接受了马克思主义;有的是在各种新思想的影响和鉴别中选择了马克思主义;

---

① 《马克思恩格斯选集》第 4 卷,人民出版社,1995 年版,第 685 页。

② 李泽厚《中国现代思想史论》,天津社会科学院出版社 2003 年版,第 140 页。

有的是在国外大量阅读马克思主义著作后，建立起对马克思主义的信仰；有的是在国内的现实探索中逐步形成了马克思主义的立场。”①正所谓大浪淘沙，这些经过烈火考验的真金者，大多成为为中国共产党创立作出重大贡献的历史参与者，也反映了先进的中国人在服膺马克思主义后所作出的必然选择和行动。

在中国共产党成立后，中国革命运动被赋予了崭新的性质和内容。在马克思主义的指导下，中国共产党加强自身建设，积极开展工人运动，并和中国国民党实现了党内合作，展现了一个马克思主义政党的蓬勃生机。但在这一过程中，由于教条式的学习俄国的革命经验，在亦步亦趋中照搬模仿过多，独立思考过少，导致在战略战术上出现了不少错误，最终在大革命中被蒋介石的反革命屠杀而陷入损失惨重的境地。“国共分裂证明了斯大林政策在中国的彻底失败。斯大林想夺取无产阶级在国民党内的优势，像榨‘柠檬’一样将国民党右派排挤出去，但是他似乎没有认识到改组的国民党，不再是他曾经认为的那样松散和低效的群体。”②遗憾的是，显然苏联并未从思想深处进行反思，这在一定程度上也影响了革命运动的策略和方向。

幸运的是，以毛泽东为代表的中国共产党人没有在屠杀面前退缩，而是来到山地乡村，开辟了农村包围城市、武装夺取政权的

---

① 钟家栋、王世根主编：《20世纪：马克思主义在中国》，上海人民出版社1998年版，第52页。

② ［美］徐中约：《中国近代史：1600—2000，中国的奋斗》，世界图书出版公司北京公司2013年版，第403页。

革命新道路。这条道路上，以毛泽东为代表的中国共产党人开始了理论创新与实践探索，在广大乡村开辟了农村革命根据地。虽然由于“左”的错误思想的影响，使得中国革命遭受到了重大挫折，但在经过了凤凰涅槃式的长征后，马克思主义中国化在延安时期正式开启，形成了中国共产党人集体智慧的结晶——毛泽东思想，并指导中国革命取得了伟大胜利。“马克思列宁主义来到中国之所以发生这样大的作用，是因为中国社会条件有了这种需要，是因为同中国人民革命实践发生了联系，是因为被中国人民掌握了。任何思想，如果不和客观的实际的事物相联系，如果没有客观存在的需要，如果不为人民群众所掌握，即使是最好的东西，即使是马克思列宁主义、也是不起作用的。”①这是中国革命实践所验证的真理，并指导着中国共产党领导人民群众在抗日战争、解放战争中取得不断胜利，实现了百年以来的伟大社会转折。

中华人民共和国成立后，中国共产党努力适应在全国执政的重大转变和现实需要，推动着马克思主义和中国建设实际的不断结合，使得新中国的面貌不断更新。毛泽东在党的七届二中全会上说：“中国的革命是伟大的，但革命以后的路程更长，工作更伟大，更艰苦。这一点现在就必须向党内讲明白，务必使同志们继续地保持谦虚、谨慎、不骄、不躁的作风，务必使同志们继续地保持艰苦奋斗的作风。”②总体来看，1949 年至 1966 年间中国所发

① 《毛泽东选集》第 4 卷，人民出版社 1991 年版，第 1515 页。
② 《毛泽东选集》第 4 卷，人民出版社 1991 年版，第 1438—1439 页。

生的巨大变化，就在于马克思主义和中国实际相结合，指导着实践所发生的巨大变化；就在于中国共产党不断加强自身建设，在新的角色新的位置上践行着全心全意为人民服务的宗旨。而“大跃进”“人民公社化运动”，及致使全国陷入动乱的“文化大革命”，也是因为党的一些党员干部思想认识上出现了重大问题，在马克思主义基本原理和中国实际的结合上出现了问题，给党的事业、国家的事业造成了重大损失。

改革开放后，以邓小平为代表的中国共产党人解放思想，实事求是，特别是在什么是社会主义，怎样建设社会主义等重大问题上有了正确认识，推动着中国特色社会主义事业不断向前发展。邓小平强调指出：“把我们党建设成为有战斗力的马克思主义政党，成为领导全国人民进行社会主义物质文明和精神文明建设的坚强核心。”①在改革开放的春风吹遍神州大地时，20 世纪 80 年代末 90 年代初国际国内形势发生了重大变化。中国共产党团结带领人民群众经受住了考验和冲击，把改革开放引向纵深发展，将社会主义事业推向了 21 世纪。对中国共产党来说，面对着复杂多变的国际国内形势，势必要进一步加强党的自身建设。江泽民指出：“面向新世纪，党中央领导全党正在继续推进这个新的伟大工程，就是要把党建设成为用邓小平理论武装起来、全心全意为人民服务、思想上政治上组织上完全巩固、能够经受住各种风险、始终走在时代前列、领导全国人民建设有中国特色社会主

① 《邓小平文选》第 3 卷，人民出版社 1993 年版，第 39 页。

义的马克思主义政党。”[①]而回顾21世纪的发展，我们也清晰地感受到，尽管有过这样那样的波折，但在党的领导下，中国人民克服艰难险阻，取得了一个又一个的胜利，并在改革开放的伟大实践中形成了中国特色社会主义理论体系。这是马克思主义中国化的重要成果，标志着中国语境下马克思主义的不断发展和创新。

党的十八大以来所发生的历史性变化、取得的历史性成就，向世人宣告了中国特色社会主义进入了新时代。这是马克思主义中国化最新理论成果——习近平新时代中国特色社会主义思想产生的时代背景，也是中国共产党要承担新征程的时代背景。唯有认识到这一点，我们的社会主义事业才能顺利进行。当然，我们也清醒地意识到，在事业的发展中还存在着不少问题，特别是思想领域的冲击还严重存在。“作为我国的主流意识形态必须具备能够最大限度地包容、整合其他意识形态中合理科学成分的气度和能力，吸纳其他意识形态中有益、合理的成分，从而发展壮大自己，使自己永远立于不败之地。”[②]这也是对马克思主义，对中国共产党所提出的时代课题，那就是如何加强意识形态领域的建设，把全党建设成永葆青春活力的事业领导核心。

习近平总书记反复强调：“打铁还需自身硬”，对于我们这样一个拥有8000多万名党员、在一个13亿人口大国长期执政的

---

① 《江泽民文选》第2卷，人民出版社2006年版，第42—43页。

② 王邦佐等：《执政党与社会整合——中国共产党与新中国社会整合实例分析》，上海人民出版社2007年版，第250页。

党，管党治党一刻不能松懈；全面从严治党基础在全面，关键在严，要害在治。在理想信念问题上，要补足共产党人精神上的"钙"，坚定对马克思主义的信仰，对社会主义和共产主义的信念，这是"共产党人的政治灵魂，是共产党人经受住任何考验的精神支柱"。[①] 这里，习近平总书记强调的是全面从严治党的重大意义，这也是以习近平同志为核心的党中央新时代治国理政的鲜明特色。全面从严治党在新时代的伟大实践中，彰显出习近平总书记以理论创新精神和使命担当气概，并围绕着如何全面从严管党治党提出了一系列创新而富有时代价值的重要思想，强调把思想建党作为根本，重点在从严治吏上，突破口在改进作风上，重要任务是反腐肃贪，保障是严明纪律和制度治党。在此基础上，全方位提高党的领导水平和执政能力，始终保证党成为中国特色社会主义事业的坚强领导核心。显然，习近平总书记全面从严治党的系列重要讲话不仅丰富了党的建设理论，开辟了马克思主义政党学说和执政党建设的新境界，而且为新时代加强党的建设指明了方向。

第三节　传播方法的创新与发展

回顾百年之前马克思主义在中国的传播，尽管受时代观念及技术条件所限，但在传播方法上依然不乏创新思维和举措，特别

---

① 《习近平谈治国理政》，外文出版社 2014 年版，第 15 页。

是在观点和方法上颇多值得思考与借鉴之处。

一、传播队伍的构建

在马克思主义的早期传播中，以李大钊为代表的传播队伍结合中国具体实际，创造性开展工作，为广大人民群众找到了救国的真理。他们在传播中形成了宝贵的历史经验，在新时代依然具有强烈的借鉴意义。在马克思主义的传播过程中，传播主体尽管会在知识体系、工作性质、传播环境等各方面有所区别，但要肩负起传播、宣传、教育的历史使命，必须从以下几方面做好工作。

一是要有坚定的马克思主义信仰。我们首先明确马克思主义信仰是什么。习近平指出："马克思主义是我们立党立国的根本指导思想。背离或放弃马克思主义，我们党就会失去灵魂、迷失方向。在坚持马克思主义指导地位这一根本问题上，我们必须坚定不移，任何时候任何情况下都不能有丝毫动摇。"①我们在对马克思主义理论体系有了深刻了解后，对其开始认同和信服，进而对马克思主义产生服膺的态度。在此基础上，自觉地用马克思主义武装头脑，把马克思主义作为行动的准则，使之成为认识世界和改造世界的武器。这是具有马克思主义信仰的完整轨迹。纵观中国共产党的奋斗史，不管是名垂青史的革命先驱，还是深藏功与名的普通党员，皆是有着坚定马克思主义信仰的不忘初心者。

---

①《习近平谈治国理政》第 2 卷，外文出版社 2017 年版，第 33 页。

二是要对马克思主义有着深刻的理解。在对马克思主义有了坚定信仰后,接下来必须要从整体上加强对整个理论体系的认识和理解,以夯实自身扎实的理论基础。马克思主义给予人们的是完整的世界观和方法论,赋予人们完整的内容、严密的逻辑、科学的方法之印象,需要我们从整体上去把握。我们只有整体上对马克思主义有了科学理解后,才能更好地传播,更好地宣传教育。这种整体理解,我们不妨从三个方面去做。

首先,以马克思主义基本原理为切入点来进行整体把握。马克思主义基本原理是马克思主义的精髓,对它的把握有利于我们整体上理解马克思主义。习近平指出:“马克思主义就是我们共产党人的‘真经’,‘真经’没念好,总想着‘西天取经’,就要贻误大事!不了解、不熟悉马克思主义基本原理,就不可能真正了解和掌握中国特色社会主义理论体系。”[①]通过对马克思主义基本原理的学习,我们掌握的是科学的世界观和方法论,潜移默化地扩大了视野,提升了格局,在思想的深度和广度上都会发生明显的变化,从而自身改造世界的行动也发生大变化。

其次,要从马克思主义的实践来加深对马克思主义的整体理解。马克思主义自从诞生以后,不仅根据客观环境的变化不断发展和完善着自身的理论体系,而且有着丰富的实践过程。这种基

① 习近平:《在全国党校工作会议上的讲话》,人民出版社 2016 年版,第 15 页。

于实践基础上的了解，有利于我们对马克思主义的整体理解。正如习近平总书记所指出的："发展 21 世纪马克思主义、当代中国马克思主义，必须立足中国、放眼世界，保持与时俱进的理论品格，深刻认识马克思主义的时代意义和现实意义，锲而不舍推进马克思主义中国化、时代化、大众化，使马克思主义放射出更加灿烂的真理光芒。"①理论与实践相结合，既是马克思主义的基本原则，又是学习和运用马克思主义的方法。这提醒我们，既不能只讲理论不关注实践问题，也不能忙于实践问题而不学习理解理论，而是要将学以致用和用以促学结合好。

再次，要从马克思主义的理论品质来整体理解马克思主义。坚持一切从实际出发，理论联系实际，实事求是，在实践中检验真理和发展真理，是马克思主义最重要的理论品质。这些理论品质贯穿于马克思主义的体系及内容中，为我们整体上理解马克思主义提供了视角和途径。实践没有止境，理论创新也没有止境。"世界每时每刻都在发生变化，中国也每时每刻都在发生变化，我们必须在理论上跟上时代，不断认识规律，不断推进理论创新、实践创新、制度创新、文化创新以及其他各方面创新。"②在新时代，我们迎来了前所未有的重大历史发展契机，也面临着许多挑战。

---

① 《习近平谈治国理政》第 2 卷，外文出版社 2017 年版，第 65 页。

② 习近平：《决胜全面建成小康社会　夺取新时代中国特色社会主义伟大胜利——在中国共产党第十九次全国代表大会上的报告》，人民出版社 2017 年版，第 26 页。

这要求我们，不仅要了解马克思主义基本原理和党的基本理论，而且要了解国家大政方针和政策制度，才能加强马克思主义理论教育，建立一支政治立场坚定、理论水平高超、专业素质突出的队伍。

三是要注意形式的创新。专业的事情交给专业人士来办，传播效果很大程度上取决于是否有专业人士用专业的手段和技巧来从事此项工作。特别是面对瞬息万变的传播环境，注意到时代发展所提出的挑战，在传播形式上要做到与时俱进，在发挥传播作用的同时，紧跟时代发展的节奏，创新传播的形式。例如，随着互联网信息技术的发展，网络平台所特有的迅捷性、开放性、虚拟性等特点，给了一些人放纵放松的机会。“这些媒体一方面鼓吹西方民主自由，另一方面热衷于制造和传播本国领导人和执政当局的各种负面新闻，并对经过精心包装的反对派的政策主张进行大力宣传，提升其在民众尤其是年轻人中的影响力。”①一些人在西方外来思想的冲击下，思维观念变得多样化，甚至出现了理想信念的淡薄，导致其在互联网上发表一些片面的乃至错误的言论。这些言论往往带有一定的欺骗性、迷惑性和煽动性，甚至为博得点击率和关注率故意歪曲捏造事实，扩大社会发展中存在的问题和矛盾，冲击着马克思主义，污染了互联网的环境，也给社会的安定带来了极大的危害。

---

① 任勇：《坚决抵制西方意识形态渗透》，《人民日报》，2016 年 5 月 20 日。

针对这种现象，我们不仅要注重在报刊、电视、广播、书本、课堂等传统平台的传播，更要树立网络不是法外之地的观念，注意网络独特的环境，关注网络传播的特点和规律，特别是加大在一些思想观念汇聚之地的监控，如论坛、微博、微信、QQ 等媒体平台。“要用好网络资源，掌握并提高运用微信、微博等网络社交微媒体新媒体的能力，推动实现思想政治工作传统优势同信息技术的高度融合，加快传统媒体和新兴媒体融合发展，创新传播手段、话语方式，着眼强信心聚民心暖人心筑同心，讲述好中国故事，传播好中国声音，阐释好中国道路、中国特色，宣介好习近平新时代中国特色社会主义思想，增强思想政治工作的时代感和吸引力，使互联网这个最大变量变成事业发展的最大增量。”[①]这要求我们，一方面建立马克思主义网络传播的策略，通过平台模块设计、理论学习园地、思想交流专栏等宣传马克思主义，引导大家树立正确的政治观念，信仰马克思主义，热爱党，热爱社会主义，热爱祖国，建设风清气正的网络空间；另一方面，要对网络上的错误、反动言行及时地进行斗争，使得其不能、不敢、不想再在网络上行不法之事。在一定程度上说，网络虚拟空间和现实社会的结合，为马克思主义传播创造良好的环境。

二、传播语言的艺术运用

在马克思主义早期传播中，传播语言的重要性已经显露无

---

① 赵增彦：《筑牢意识形态工作前沿阵地》，http://theory.gmw.cn/2019-02/13/content_32497621.htm。

遗。李大钊等人正是把深奥而晦涩的理论，用工人能听懂的语言通过其喜闻乐见的形式表现出来。换言之，这也是在有意无意中开启了马克思主义大众化的进程。

自从有了人类后，语言就成为人与人之间传递信息的重要途径。在一定意义上说，自从有了文字后，语言更成为理论传播的重要载体。马克思主义在中国的早期传播中，一个现实存在的问题即是语言所带来的障碍。从马克思、恩格斯到列宁，马克思主义的经典著作都是用外文写成的，对不擅长外文者有着天然的语言障碍，何况这些经典文献往往深奥晦涩，理论色彩浓厚，更增加了一些理解上的难度。李大钊曾说："马克思的书卷帙浩繁，学理深晦。他那名著《资本论》三卷，合计二千一百三十五页，其中第一卷是马氏生存时刊行的，第二、第三两卷是马氏死后他的朋友昂格思替他刊行的。这第一卷和二、三两卷中间，难免有些冲突矛盾的地方，马氏的书本来难解，添上这一层越发难解了。加以他的遗著未曾刊行的还有很多，拼上半生的功夫来研究马克思，也不过仅能就他已刊的著述中，把他反复陈述的主张得个要领，究不能算是完全了解'马克思主义'的。"①这意味着，对马克思主义在中国的传播，传播主体要解决两个问题。一方面，传播主体多是具有初步共产主义思想的知识分子，但并没有多少精通外语者，他们本身在翻译马克思主义经典著作时就存在一定的难度，

① 《李大钊全集》第3卷，人民出版社2006年版，第15页。

而翻译后的理解消化亦是现实存在的问题。另一方面，传播主体对受众群体有着客观清醒的认识。马克思主义在中国的早期传播中，科学理论的受众主要是工人阶级和农民阶级。他们是革命主要团结和发展的对象，但有着一个共同的特点，即缺少受教育的机会，知识水平不高，文化程度较低，不用说马克思主义经典外文文献了，即使翻译过来的著作，在阅读理解上也存在很大的困难。

早期马克思主义者意识到了这一点，他们采取了两方面的措施来破解这一难题。一方面是在对马克思主义经典著作进行翻译时，在不背离文章原意的前提下，将晦涩抽象的理论尽可能地用通俗易懂的白话文形式表达出来，使人们更易于学习理解。在传播过程中创办了《劳动界》《劳动者》等通俗刊物刊载宣传文章，甚至刊发工人自己撰写的文章，来宣传马克思主义。另一方面，早期马克思主义者通过夜校授课、发表演讲、进行访谈等形式，和工人、农民的生产生活结合起来，用人们喜闻乐见的形式宣传马克思主义，让大家感觉到这不是高不可攀的思想，而是就在身边的至理名言。这种马克思主义的大众化、生活化，破除了沟通时的障碍，极大地提升了马克思主义传播的功效。

早期马克思主义者传播马克思主义的历程证明，语言的选择处理对理论传播和理解的效果具有直接的关系，其历史经验在今天依然有着重大的借鉴意义，提醒我们必须注意时代化的合理应用。今天，社会发展更要求注意传播语言的艺术性。

一是针对不同群体制定相应传播语言策略，做到有的放矢。经济社会的发展伴随而来的是知识文化水平的提高，特别是学士乃至硕士博士群体的规模越来越大，对他们的传播必须注意到不能采取简单地灌输宣教，而是要注意理论的逻辑性、层次性和目的性，在学习讨论交流中实现马克思主义传播的目的。除了这个群体外，马克思主义传播的重点对象依然是工人阶级和农民阶级。改革开放以来，在中国特色社会主义的伟大实践中，工人阶级和农民阶级在各方面均发生了翻天覆地的变化，在受教育机会即知识文化水平的提高等方面均有了质的变化。但不可否认的是，他们呈现出来的总体上知识文化水平不高、理解能力不够、执行能力欠缺等特征，不仅限制了自身的发展，对马克思主义的传播来说，也造成了现实的困难。这种情景，和百年之前马克思主义在中国早期传播中的情形有着几许相似，也提醒我们必须继承和创新马克思主义早期传播的经验，结合新时代的发展变化进行创新。早在 1992 年邓小平南方谈话时，就明确指出："学马列要精，要管用的。长篇的东西是少数搞专业的人读的，群众怎么读？要求都读大本子，那是形式主义的，办不到。我的入门老师是《共产党宣言》。"①我们必须实事求是地分析这部分群体的现实状况，了解他们的所思所想，熟悉他们的言行举止即背后所蕴藏的表达习惯，寻找最适合这部分群体所能接受的大众化语言，做好从抽

① 《邓小平文选》第 3 卷，人民出版社 1993 年版，第 382 页。

象理论向生动实例、从灌输讲解向谈心交流、从正式宣教向生活教育的转变，在马克思主义生活化中完成传播的目的。

二是要注意传播语言的锤炼。“直观形象生动的行为语言的语境所形成的感染力、冲击力要比言语语境、理想模型所形成的统一和凝聚力的影响要直接得多，要巨大得多。”①在马克思主义的早期传播中，不少宣传语言的凝练至今仍让人印象深刻，如林育南描述马克思“是从科学上建设社会主义的第一人，他的学说是解决现代问题、创造未来世界的学说，只要留心社会问题、经济学说，以及历史哲学、政治诸问题者，脑筋里总应该深刻的留个马克思的印象，他不独是个高深的学者，尤其是一个勇于实行、热心努力、强健不息的社会运动者。”②一个立体形象的人物跃然脑海中。在新时代马克思主义的传播中，语言问题同样存在，只不过此语言已不是彼语言，而是把书本上的理论语言变成生活中的语言，以达到真学、真懂、真信、真用的效果，语言创新的重要性不言而喻。新时代的时代特征之一，即是在信息技术飞速发展的状况下，人们的工作环境和社会环境呈现出快速变化的趋势，马克思主义的传播即在此环境中发生。这就意味着，马克思主义语言的创新要紧跟新时代的步伐，用生动、简洁、形象的语言准确表达传播内容，激发人们对马克思主义的兴趣，主动积极地用马克思主

① 彭继红：《传播与选择：马克思主义中国化的历程 1899—1921 年》，湖南师范大学出版社 2001 年版，第 78 页。

② 林育南：《“五一”与“五四”“五五”“五七”》，《大汉报》，1922 年 5 月1 日。

义武装自己的头脑，去指导工作和生活。如党的十九大上，我们在中国特色社会主义进入新时代的历史新方位，提出了习近平新时代中国特色社会主义思想，我们以“八个明确”“十四个坚持”来把握习近平新时代中国特色社会主义思想的具体展开和内在逻辑，紧紧把握住马克思主义中国化这一最新理论成果，能够在思想上更快地学习理解，在现实中更好地贯彻落实。

三、传播平台的拓展

在马克思主义的早期传播中，在当时的社会历史条件下，早期马克思主义者主要还是通过社团、刊物等平台，翻译马克思主义经典著作，传播马克思主义，取得了良好的宣传效果，这自然是与当时的社会发展水平以及人们的思想状况相关。随着社会的飞速发展，我们生存的环境也发生了大变化，传播平台与时俱进，也发生了大变化。特别是随着信息技术的发展，在刊物、电视、电台等媒介依然发挥重要作用的同时，网络、手机等新媒体发展迅速，成为人们获取信息的重要平台。这种变化既是机遇，又是挑战，我们在思想和现实中必须将传统传播平台和新兴传播平台结合好，既发挥传统纸质媒介的优势，又要利用好新型的网络媒介，这要求我们在传播平台的选择上要注意一些原则性的问题。

一是传统传播平台的创新。报刊、电视、广播、宣传栏等传统传播平台，在对马克思主义及重大政策方针的登载、宣传、推广中发挥了不可替代的重大作用，这种历史发展中已经证明的宝贵经验，在新时代需要继续发扬。我们必须意识到，作为人类有史以来最重要、最优秀的思想之一，又是有着马克思等经典作家基于自身思维特点和习惯的表达，确实专业意味十分强烈，普通人在理解上存在一定的难度。这个问题的解决需要多种方式方法的结合，很重要的一点即是如何用通俗易懂的语言把深奥晦涩的专业理论表达出来，让大众在轻松活跃的氛围中学习严肃科学的理论。如在电视、广播等传媒上开设专栏节目，通过专家讲解、影像介绍、主题讨论等形式，用大众化的语言介绍马克思主义、马克思主义在世界及中国的发展，提高大众的马克思主义理论素养。而报纸刊物等，亦可以采取专业性和通俗性结合的形式，采取刊物通俗版、开设介绍性专栏、马克思主义经典作家及知名学者事迹业绩专栏等形式，达到“雅俗共赏”的目的。如 1922 年《今日》报纸上发表的一篇短诗[1]，就极具代表性：

文人呵！
你们从前所走的路，都是平平坦坦的；
从前所学的事物，都是歌功颂德，粉饰太平的；
但是现在呵，
要洗清你们的耳朵，提起你们的心灵，去听那些悲惨苦恼的呼声！
鸡叫了！
长夜的帐幔揭开了！
鲜红的太阳，从东方慢慢地升起来了！
那些贪婪，横暴的恶魔，不能再做地球上的主人翁了！

① 樊晓云：《革命的文学》，《今日》第 1 期，1922 年 2 月 15 日。

可爱的清晨呵！

庄严呵！

灿烂呵！

有生气呵！

这提示我们，思想上的交流和情感上的共鸣同样重要。如我们对马克思的印象，传统中更多的是伟大的导师和思想者，有意无意间忽略了马克思作为有着七情六欲普通人的一面。实际上，“马克思生平曲折坎坷、富有传奇色彩，大众化工作可以从马克思生平切入，引导受众进入马克思的生活场景之中，一起经历马克思曾经经历的痛苦、迷茫、彷徨、收获和喜悦，触动受众内心柔软的部分，加强受众对马克思的情感认同，使马克思主义理论宣传工作更加有温度有情怀”。[①] 这种经历、感悟、变化，和社会大变革中的普通人具有天然的共通之处，更能唤起我们内心深处的情感。

二是对新媒体的充分利用。随着科技的发展，基于互联网信息技术发展起来的媒介日新月异，并呈现出信息传播渠道多样化、信息内容丰富化、信息传播形式趣味化等特点。我们必须清醒地意识到，在互联网时代，信息传播已经从理念到形式上都发生了革命性的变化，马克思主义的传播必须适应这种新变化。但是，我们也发现在新媒体的传播中，存在着两方面严

---

① 卢刚、王永磊：《推进马克思主义大众化》，《红旗文稿》2018 年第19 期。

重的问题，如果不针对性地解决，势必对马克思主义的传播造成巨大的障碍。一方面，我们在新媒体上传播马克思主义已经做了大量工作，也取得了巨大成就，但无论是一些马克思主义的专题网站还是综合网站中的专题模块，还存在一些从内容到形式上的问题，如内容多图片少，大段理论文字的简单描述；内容陈旧，信息没有及时更新；重说教，没有做到寓教于乐等。凡此种种问题的存在，导致这些媒体平台的受关注度不高，点击率浏览量过低，没有充分发挥其应有的功效。另一方面，一些网站平台追求点击率浏览量带来的利益，充斥着新、奇、特等信息，甚至出现各种错综复杂思想的争论，而对马克思主义及其他正能量的信息传播不够，衍生出了一系列的网络问题。

这也意味着，若想充分利用好新媒体，必须做好两方面的工作。一方面是要对新媒体有充分的认识和了解。新媒体不同于传统媒体，它不受地域、时间及一些专业环境的限制，具有传播范围广、传播速度快、传播信息多的特点，特别是即时通信后续的分享、讨论等行为，更是使得信息的传播达到了几乎同频共振的程度。“将主流意识形态话语用民众通俗易懂的形式表达出来，增强传播的亲和力、提高传播的可接受度，从而提升传播效果，达到理论与受众的同频共振、良性互动。”①另一方面，在有了充分了解后，我们需要用合适的方式和语言传播马

① 朱天玉：《〈新青年〉与马克思主义在中国的早期传播》，《新闻爱好者》2018 年第 10 期。

克思主义，注重内容的筛选和加工，注重技术的应用，注重及时地反馈，真正让新媒体为马克思主义所用。如加强网站的建设，优化网站管理，丰富网站内容，建立文字、图片、音频、视频等多种传播形式的立体格局，多角度、深层次、全方位地对马克思主义以及国家的大政方针政策进行理论解读，使得网站集知识性、趣味性、生活性为一体，发挥更好的传播功效。"'有趣'的马克思主义要'真爱'，'有料'的马克思主义要'真学'，'有用'的马克思主义要'真信'。"[①]特别是考虑到高校中的大学生群体，作为社会主义的建设者和接班人，在人手一机的环境中，必须利用好新媒体引导他们树立正确的价值观念，承担起新时代所赋予的时代责任。

---

① 张传香：《全媒体时代如何同当代青年谈马克思主义》，http://theory.people.com.cn/n1/2019/1129/c40531-31481965.html。

结　语

“在中共基本意识形态的形成期，其中许多具体表述在中共后来确立的理论解释中得到不同程度的改写，固不一定‘代表’中共的正式看法；但这恰好体现出早期中共成员对世界环境和中国革命的认识并未形成一个抽象、清晰而固定的概念，而更多是一个不时出现意见分歧和观念竞争的持续辩论进程，一个随中国外在环境和内部社会条件的改变而不断重新认识和不断修订观念的进程。”[①]站在新时代的历史方位，我们回顾百年之前马克思主义在中国的传播，将其置于中国百年马克思主义传播的整体进程中考虑，在传统与现代、历史与现实的对话中进行历史反思与问题思考，不难发现有几个问题需要我们铭记。

一、理论传播要紧紧把握住时代主题

纵观马克思主义传播的历程，凡是能把握住时代主题的，

---

① 罗志田：《外来主义与中国国情："问题与主义"之争再认识之三》，《南京大学学报：哲学·人文科学·社会科学》2005 年第 2 期。

传播的效果就好，而且开启了意义深远的实践；而对时代主题不明确的，往往传播的效果不理想，更勿论引起时代的反响了。马克思主义诞生后，能够迅速在欧美引起无数人的关注，就在于资本主义在从自由竞争向垄断过渡中，社会日益分裂为资产阶级和无产阶级两大对立的阶级，阶级矛盾的尖锐提出了时代课题，马克思主义应运而生，指导了工人运动的发展。在马克思主义从理论变为现实中，俄国无产阶级革命运动是里程碑式的事件，而布尔什维克之所以能够在错综复杂的环境中做到这种革命性的行为，就在于把马克思主义俄国化，并形成了具有民族特质的列宁主义。

马克思主义传入中国后，中国的时代主题即是如何摆脱被剥削被压迫的境遇，实现民族的独立和解放，马克思主义之所以能在众多思潮中脱颖而出，就在于它为困境中的中国人指明了斗争的方向①，而中国共产党也在革命的新道路上带领人民群众取得了胜利。中华人民共和国成立后，尽管世界并不太平，但时代的主题是和平建设，马克思主义实现了和中国建设实际的结合，使中国从一穷二白的基础上迅速发展起来，社会

---

① 正如时人所分析的，中国的乱源“一是因为中国这社会底各局部间的进化程度太不一致而发生的激烈的调和作用；一是因为中国在全体上与世界底进化程度悬隔太远而发生的剧烈的调和作用；一是世界底资本阶级与中国底资本阶级在中国这市场上的争夺战；而这混乱就是中国进化急速的表现，要中国进化到了社会主义，才能终止。”汉俊：《中国底乱源及其归宿》，上海《民国日报》副刊《觉悟》增刊第1张，1922年1月1日。

主义建设取得了巨大成就。“文化大革命”的沉痛教训，也在昭示一个道理：当建设的主题被错判为阶级斗争的主题时，马克思主义的传播及指导实践也将遇到重大挫折。好在十一届三中全会后，我们又重新对时代主题有了准确判断，在改革开放的进程中不断推动马克思主义的创新和发展，而马克思主义及其中国化的理论成果也促使改革开放的不断深化，直至中国特色社会主义进入了新时代。

历史发展已经昭示，对时代主题的把握将影响着理论传播的力度、深度和广度。“尽管我们所处的时代同马克思所处的时代相比发生了巨大而深刻的变化，但从世界社会主义 500 年的大视野来看，我们依然处在马克思主义所指明的历史时代。这是我们对马克思主义保持坚定信心、对社会主义保持必胜信念的科学根据。”[①]在新时代，在推进民族复兴伟大中国梦的征程中，理论传播必须承担起价值引导的历史使命。

二、理论传播要突出实践性

马克思主义一个重要的理论品质即是其鲜明的实践性。如果说在 19 世纪后半叶这一点体现得还不充分的话，那么俄国十月革命既是马克思主义实践性的最好证明，又是实践马克思主义的必然结果。之所以这样说，就是因为十月革命前的俄国矛盾重重，封建农奴制残余阻碍着资本主义的发展、无产阶

① 《习近平谈治国理政》第 2 卷，外文出版社 2017 年版，第 66 页。

级与资产阶级之间的阶级矛盾激化、沙皇政府和二月革命后资产阶级临时政府的战争政策、各帝国主义国家和俄国之间的矛盾，种种矛盾叠加在一起，造成了严重的社会危机。俄国布尔什维克利用马克思主义的立场、观点和方法，创造性地提出了帝国主义理论、无产阶级革命理论、民族殖民地问题理论、无产阶级专政理论、建设社会主义的理论、新型无产阶级政党的理论等，不但解决了俄国存在的一系列问题，而且对世界无产阶级运动也发挥了意义深远的影响。

马克思主义传入中国后，一旦克服了初期的水土不服后，这种可贵的实践性的理论品质就凸显出来了。如马克思主义的精髓是实事求是，而中国共产党在对实际问题的解决中，在实事求是这一点上就有着深刻的体会和认识。中国共产党在苏区的斗争中，能够站稳脚跟，卓有成效地解决了一系列问题，颠覆和重建了乡村社会格局，就在于其对自身及其所处环境有着实事求是的分析。而反“围剿”的失利，恰恰是没有坚持实事求是的后果，给党的事业带来了重大损失。党内越来越多的人意识到了这一点，在历经长征的革命大转移后，最终在陕北迎来了重整旗鼓、整装待发的转变，开始了马克思主义中国化的伟大历程。所以说，不管是俄国的革命斗争，还是中国的革命实践，抑或其他国家的革命经历，都说明了理论传播要突出实践性的重大意义。

新时代开启后，理论的创新与实践的变革结合在一起，提出了一系列理论与实践中的重大问题。“当代中国马克思主义是马克思主义与中国改革开放以来的实践相结合而形成的理论形态，它的主要载体是中国共产党和中国国家领导人的文献，它以建构性、建设性为基本逻辑，更加注重实践、现实和问题导向，是围绕如何坚持和发展马克思主义，如何实现民族复兴和社会主义现代化强国目标，如何开辟和拓展中国特色社会主义，如何切实推进国家的改革、发展、治理实践，如何对外开放、构建人类命运共同体，如何从严治党、打造领导核心等问题，形成的具有中国特色、立于国际舞台、富含时代气息的马克思主义。”①也就是说，马克思主义不仅仅要像在革命、建设和改革时期一样，继续发挥不可替代的重大指导思想作用，而且要紧紧抓住新时代新的历史方位，与时俱进，适应社会发展的需要和人民群众的需求。

三、理论传播要与人民群众的现实需求紧密结合

马克思主义内涵丰富，博大精深，在传入中国的时候，中国人民对其进行了主动选择。近代的中国，对外面临着鸦片战争以来长达七八十年的残酷侵略，对内又有封建残余和军阀官僚的剥削压迫，民族矛盾和阶级矛盾是国人面临的严峻形势。在马克思主义展示在国人面前时，马克思主义哲学、马克思主义政治经济学、科学社会主义三大部分中的理论概念一一闪现，

① 陈培永：《“当代中国马克思主义”：概念、特质、架构与发展》，《马克思主义研究》2018 年第 2 期。

中国人民基于现实需求选择了唯物史观、阶级斗争学说、科学社会主义等，特别是阶级斗争学说在中国开始快速传播，产生了广泛而深远的影响。“每一个力图取得统治的阶级，即使它的统治要求消灭整个旧的社会形式和一切统治，就像无产阶级那样，都必须首先夺取政权，以便把自己的利益又说成是普遍的利益，而这是它在初期不得不如此做的。”①革命年代，我们依靠这一历史选择，战胜了帝国主义，打败了企图建立一党专制统治的国民党，取得了新民主主义革命的伟大胜利。但沉痛的教训是，尤其对马克思主义其他重要内容不够重视，未能及时从阶级斗争的语境中摆脱出来，使得在社会主义的探索上出现了曲折，甚至给党和人民造成了沉重的打击。

党的十九大报告指出：“这个新时代，是承前启后、继往开来、在新的历史条件下继续夺取中国特色社会主义伟大胜利的时代，是决胜全面建成小康社会、进而全面建设社会主义现代化强国的时代，是全国各族人民团结奋斗、不断创造美好生活、逐步实现全体人民共同富裕的时代，是全体中华儿女勠力同心、奋力实现中华民族伟大复兴中国梦的时代，是我国日益走近世界舞台中央、不断为人类作出更大贡献的时代。”②我们事

① 《马克思恩格斯文集》第1卷，人民出版社2009年版，第536—537页。

② 习近平：《决胜全面建成小康社会　夺取新时代中国特色社会主义伟大胜利——在中国共产党第十九次全国代表大会上的报告》，人民出版社2017年版，第10—11页。

业的发展，是为了满足人们对美好生活的需求。而人们是否在发展中获得了幸福感，将是我们评判工作的标准。马克思主义的建构和传播，将指导着人们以勇气、激情和自信投身于这个伟大的时代，也将使人们收获奋斗的喜悦。

我们以这三个问题来回顾马克思主义在中国的早期传播，以及对马克思主义整体传播的历程进行了梳理，旨在说明只有抓住理论传播的核心问题，才能切实把马克思主义传播好。以史鉴今，新时代的马克思主义传播亦需汲取历史经验中的智慧。当今马克思主义的传播，首先要把握住新的时代主题，即把中国特色社会主义事业持续推进，实现民族复兴的伟大中国梦，马克思主义的传播要立足于这个时代主题所提出的问卷，指导着中国共产党去答出令历史和人民满意的答卷；其次要认清中国正在发生的伟大实践，特别是要从社会结构和思想文化的深层次考虑中认清这种实践的伟大意义，推动马克思主义在实践中的创新；最后要注意中国人民在奋进新时代中的需求，特别是基于对美好生活向往的重大需求，及在此基础上所作出的主动选择，这就意味着我们不但要学习马克思主义中生产力与生产关系、人民民主、人民立场等内容，同时还要学习马克思主义中其他相关内容。唯有如此，我们才能在传播马克思主义中更好地促进其与新时代实际更紧密地结合，推动习近平新时代中国特色社会主义思想不断的完善和发展。

参考书目

一、经典文献

1.《马克思恩格斯选集》(1—4),人民出版社 1995 年版。

2.《列宁选集》(1—4),人民出版社 1995 年版。

3.《李大钊文集》(1—5),人民出版社 1999 年版。

4.《李大钊全集》(1—5),人民出版社 2006 年版。

5.《李大钊选集》,人民出版社 1959 年版。

6.《陈独秀文章选编》(上、中、下),生活·读书·新知三联书店 1984 年 6 月版。

7.《毛泽东文集》(1—8),人民出版社 1993 年版。

8.《毛泽东选集》(1—4),人民出版社 1991 年版。

9.《毛泽东早期文稿》,湖南出版社 1990 年版。

10.《毛泽东书信选集》,人民出版社 1983 年版。

11.《习近平谈治国理政》,外文出版社 2014 年版。

12. 习近平:《习近平谈治国理政》第 1 卷,外文出版社 2018 年版。

13. 习近平:《习近平谈治国理政》第 2 卷,外文出版社 2017 年版。

14.《李达文集》(1—2),人民出版社 1980 年版。

15.《瞿秋白文集·政治理论编》(1—8),人民出版社 1996 年版。

16.《瞿秋白文集·文学编》(1—2),人民出版社 1985 版。

17.《蔡和森的十二篇文章》,人民出版社 1980 年版。

18.《孙中山选集》,人民出版社 1981 年版。

二、资料选编汇编

1. 中央档案馆编:《中共中央文件选集》第 1—6 卷,中共中央党校出版社 1989 年版。

2.《共产国际有关中国革命的文献资料(1919—1928)》(第一辑),中国社会科学出版社 1981 年版。

3. 中央档案馆编:《中共中央文件选集(1921—1925)》第一册,中共中央党校出版 1987 年版。

4. 中央档案馆编:《中共中央文件选集(1926 年)》第二册,中共中央党校出版 1987 年版。

5. 高军等编:《中国现代政治思想史资料选辑》(上),四川人民出版社 1984 年版。

6. 吕延勤:《马克思主义在中国早期传播史料长编(1917—1927)》(上、中、下),长江出版社 2016 年版。

三、著作

1. 中共中央党史研究室:《中国共产党历史(1921—1949)》第1卷上册,中共党史出版社2011年版。

2. 中共中央党史研究室:《中国共产党历史(1921—1949)》第2卷上册,中共党史出版社2011年版。

3. 中共中央党史研究室:《中国共产党简史》,中共党史出版社2001年版。

4. 胡绳:《中国共产党的七十年》,中共党史出版社1991年版。

5. 李维汉:《回忆与研究》上册,中共党史资料出版社1986年版。

6. 庄福龄主编:《简明马克思主义史》,人民出版社2004年版。

7. 梁怡、李向前主编:《国外中共党史研究述评》,中共党史出版社2005年版。

8. 胡绳:《从鸦片战争到五四运动》,红旗出版社1990年版。

9. 高军、王桧林、杨树标等编:《五四运动前马克思主义在中国的介绍与传播》,湖南人民出版社1986年版。

10. 钟家栋、王世根主编:《20世纪:马克思主义在中国》,上海人民出版社1998年版。

11. 李泽厚:《马克思主义在中国》,生活·读书·新知三联书店 1988 年版。

12. 汪青松:《马克思主义中国化与中国化的马克思主义》,中国社会科学出版社 2004 年版。

13. 中国社会科学院近代史研究所编:《五四运动回忆录》,中国社会科学出版社 1979 年版。

14. 彭明:《五四运动史》(修订本),人民出版社 1998 年版。

15. 李新、陈铁健主编:《伟大的开端》,上海人民出版社 1991 年版。

16. 李泽厚:《中国现代思想史论》,东方出版社 1987 年版。

17. 赵明义、赵永宪:《科学社会主义中国化问题研究》,山东人民出版社 2002 年版。

18. 中共中央党史研究室科研局编:《李大钊研究文集》,中央文史出版社 1991 年版。

19. 韩一德、王树棣编:《李大钊研究论文集》(上、下),河北人民出版社 1984 年版。

20. 吕明灼:《李大钊思想研究》,河北人民出版社 1983 年版。

21. 晋荣东:《李大钊哲学研究》,华东师范大学出版社 2000 版。

22. 朱志敏:《李大钊传》,山东人民出版社 1998 年版。

23. 郭成棠:《陈独秀与中国共产主义运动》,联经出版事业公司 1992 年版。

24. 郑学稼:《陈独秀传》,时报文化出版企业有限公司 1989 年版。

25. 贾兴权:《陈独秀传》,山东人民出版社 1998 年版。

26. 任建树、唐宝林:《陈独秀传》,上海人民出版社 1989 年版。

27. 丁晓强、李立志:《李达学术思想评传》,北京图书馆出版社 1999 年版。

28. 丁景唐等:《瞿秋白研究文选》,天津人民出版社 1984 年版。

29. 张琳球:《瞿秋白》,中国华侨出版社 1999 年版。

30. 龙德成:《马克思主义者——瞿秋白》,中共党史出版社 2005 年版。

31. 邱守娟:《毛泽东的思想历程》,人民出版社 2003 年版。

32.《毛泽东传(1893—1949)》,中央文献出版社 1996 年版。

33. 杨奎松:《毛泽东与莫斯科的恩恩怨怨》,江西人民出版社 1999 年版。

34. 郭湛波:《近五十年中国思想史》,山东人民出版社 1997 年版。

35. 张国焘:《我的回忆》,现代史料编刊社 1980 年版。

36. 李泽厚:《中国古代思想史论》,人民出版社 1985 年版。

37. 胡适:《胡适文存》,亚东图书馆 1927 年版。

38. 唐德刚:《胡适口述自传》,华东师范大学出版社 1993 年版。

39. 左玉河:《张东荪传》,山东人民出版社 1998 年版。

40. 杨必宁等:《论邓小平的马克思主义观》,云南人民出版社 2001 年版。

41. 林代昭、潘国华编:《马克思主义在中国——从影响的传入到传播》(上、下),清华大学出版社 1983 年版。

42. [美]费正清著,张理京译:《美国与中国》,世界知识出版社 1999 年版。

43. [美]费正清、费维恺编,刘敬坤等译:《剑桥中华民国史(1912—1949)》上、下卷,中国社会科学出版社 1994 年版。

44. [美]周策纵著,周子平等译:《五四运动:现代中国的思想革命》,江苏人民出版社 1999 年版。

45. [美]莫里斯·迈斯纳著,中共北京市委党校党史研究室编译组译:《李大钊与中国马克思主义的起源》,中共党史资料出版社 1989 年版。

46. [美]斯图尔特·R.施拉姆著,田松年、杨德译:《毛泽东的思想》,中国人民大学出版社 2005 年版。

47. [美]本杰明·史华兹著,陈玮译:《中国的共产主义与毛泽东的崛起》,中国人民大学出版社 2006 年版。

48. [美]莫里斯·迈斯纳著,杜蒲、李玉玲译:《毛泽东的中国及后毛泽东的中国》,四川人民出版社 1989 年版。

49. [美]魏斐德著,李君如等译:《历史与意志——毛泽东思想的哲学透视》,中国人民大学出版社 2005 年版。

50. [美]莫里斯·迈斯纳,张宁、陈铭康等译:《马克思主义、毛泽东主义与乌托邦主义》,中国人民大学出版社 2005 年版。

51. [美]罗斯·特里尔著,胡为雄、郑玉臣译:《毛泽东传》,中国人民大学出版社 2006 年版。

52. [美]约翰·布莱恩·斯塔尔著,曹志为、王晴波译:《毛泽东的政治哲学》,中国人民大学出版社 2006 年版。

53. [美]埃德加·斯诺:《西行漫记》,三联书店 1979 年版。

54. [美]阿里夫·德里克著,翁贺凯译:《革命与历史:中国马克思主义历史学的起源,1919—1937》,江苏人民出版社 2005 年版。

四、学位论文

1. 张国伟:《马克思主义著作在中国的出版与传播(1899—1945)》,华东师范大学博士论文,2017 年。

2. 张建华:《马克思主义在日中早期传播之比较研究》,延边大学博士论文,2017 年。

3. 江巍:《〈新青年〉与马克思主义在中国的早期传播》,安徽师范大学博士论文,2016 年。

4. 李晓乐:《马克思主义国家治理理论的历史逻辑》,东南大学博士论文,2016 年。

5. 尹德树:《文化视域下马克思主义在中国的早期传播与发展》,南京师范大学博士论文,2013 年。

6. 王刚:《马克思主义中国化的起源语境研究:20 世纪 30 年代之前马克思主义在中国的传播及中国化》,华东师范大学博士论文,2009 年。

7. 侯建明:《中国早期马克思主义研究》,吉林大学博士论文,2008 年。

8. 顾玉兰:《列宁社会发展理论研究》,南京师范大学博士论文,2003 年。

9. 王晴:《1919—1927 年马克思主义在山东的传播》,哈尔滨工业大学硕士论文,2016 年。

10. 常硕:《五四时期马克思主义在中国的传播及影响研究》,东北石油大学硕士论文,2016 年。

11. 尹燕飞:《马克思主义在中国的早期传播研究》,辽宁师范大学硕士论文,2016 年。

12. 戈樱淼:《马克思主义在中国的早期传播研究(1917—1921)》,吉林大学硕士论文,2015 年。

13. 闰晋虹:《中国早期先进分子马克思主义信仰形成的历史考察以及当代启示》,山东大学硕士论文,2014 年。

14. 吴真:《中国共产党成立前马克思主义在中国的传播研究》,西北师范大学硕士论文,2013 年。

15. 刘兵:《论中国共产党民主革命时期留学生群体的特点

及影响》,陕西师范大学硕士论文,2006年。

五、期刊论文

1. 许晴、王磊:《五四运动前后马克思主义在中国早期传播的四维转向》,《中共云南省委党校学报》2020年第1期。

2. 张亚光、沈博:《李大钊与马克思主义经济学说在中国的早期传播》,《北京大学学报(哲学社会科学版)》2019年第6期。

3. 魏晓东、吕存凯:《不同社会阶层在马克思主义早期传播过程中的作用》,《江苏省社会主义学院学报》2019年第4期。

4. 田子渝:《马克思主义在中国早期传播阶段向度研究》,《红色文化学刊》2019年第2期。

5. 沈江平:《马克思主义在中国青年中的早期传播及其启示》,《湖南社会科学》2019年第3期。

6. 石仲泉、鞠俊俊:《热话题与冷思考——五四运动与马克思主义在中国的早期传播》,《当代世界与社会主义》2019年第2期。

7. 路宽:《创造性阐释:马克思主义早期传播的跨语际实践——以瞿秋白的〈社会哲学概论〉和〈现代社会学〉为例》,《中共党史研究》2018年第1期。

8. 姜喜咏:《马克思主义在中国早期传播中"反转"现象研究》,《中共党史研究》2017年第11期。

9. 庞波:《十月革命后马克思主义在中国传播的特点探

析》,《长江丛刊·理论研究》,2017。

10. 吕延勤:《马克思主义在中国早期传播的方式及其启示》,《学校党建与思想教育》2017年第22期。

11. 马迎惠:《五四运动之前马克思主义传播过程研究》,《智库时代》2017年第5期。

12. 李杨、柳作林:《〈曙光〉:五四时期马克思主义传播的缩影》,《出版发行研究》2016年第3期。

13. 姜佑福:《马克思对现代政治的批判性分析及其当代启示》,《江苏大学学报(社会科学版)》2016年第6期。

14. 王文章:《马克思主义何以能够在中国得到广泛传播》,《广西师范学院学报(哲学社会科学版)》2016年第6期。

15. 吴曼、张晓红:《五四时期马克思主义在中国传播的背景及启示》,《兰台世界》2016年第20期。

16. 刘淑波:《马克思主义在中国早期传播的历史经验及现实启示》,《赤峰学院学报(汉文哲学社会科学版)》2014年第11期。

17. 王欣睿:《俄国十月革命的胜利对中国革命的影响》,《黑龙江史志》2015年第10期。

18. 王一胜:《新文化运动与早期马克思主义的传播》,《观察与思考》2015年第9期。

19. 王振海:《对十月革命后马克思主义在中国广泛传播原因的认识》,《南方论刊》2013年第5期。

20. 王玉:《早期马克思主义传播对马克思主义中国化的启示》,《青海师范大学学报(哲学社会科学版)》2012 年第 9 期。

21. 冯利花:《马克思主义在中国早期传播渠道的研究综述》,《湖北经济学院学报》2011 年第 3 期。

22. 王树荫、温静:《论马克思主义在中国早期的传入与传播》,《思想政治教育研究》2011 年第 6 期。

23. 王刚:《论中国早期知识精英对马克思主义的选择性传播》,《中共党史研究》2009 年第 8 期。

24. 王磊:《深化马克思主义在中国早期传播研究的再思考》,《徐州工程学院学报》2013 年第 4 期。

25. 王刚:《论马克思主义在中国传播及中国化的内外语境》,《思想理论教育》2010 年第 9 期。

26. 原付川、姚远、卫玲:《〈西国近事汇编〉及其社会主义思想的传播》,《理论导刊》2010 年第 7 期。

27. 杨鹏、孟玲洲:《19 世纪末 20 世纪初马克思主义及其著作在日中两国的传播》,《襄樊学院学报》2010 年第 4 期。

28. 李敬煊、潜斌:《受众视角下五四时期马克思主义在中国的传播方式初探》,《学术论坛》2009 年第 2 期。

29. 李振印:《五四时期马克思主义传播的特点》,《重庆科技学院学报(社会科学版)》2008 年第 4 期。

30. 李百玲:《马克思主义在中国的早期翻译及传播》,《江苏行政学院学报》2008 年第 5 期。

31. 李军林:《马克思主义在中国的早期传播:十年研究述评》,《河北学刊》2005 年第 6 期。

32. 张洪波、葛善泽:《五四运动前后马克思主义为什么能在中国迅速传播》,《当代世界与社会主义》2004 年第 4 期。

33. 田子渝:《马克思列宁主义在中国早期传播研究的若干启示》,《湖北大学学报(哲学社会科学版)》2001 年第 7 期。

34. 田子渝:《马克思列宁主义在中国早期传播研究综述》,《马克思主义研究》2001 年第 3 期。

六、报刊

1.《新青年》杂志,1915 年 9 月至 1922 年 7 月。

2.《星期评论》周刊,1919 年 6 月至 1920 年 6 月。

3. 上海《民国日报》,1917 年 10 月至 1920 年 12 月。

4.《盛京时报》,1918 年 1 月至 1919 年 2 月。

5.《新潮》月刊,1919 年 2 月至 6 月。

后　记

本书为作者2018年承担的河北省社会科学基金项目《马克思主义在河北的早期传播研究》(项目编号:HB18MK015)的结项成果,但从另一个视角来说,不妨说是近年来对一些重要问题的系统思考和总结。近年来,笔者一直从事马克思主义理论的研究和思想政治理论课的教学工作。在具体的教学科研工作中,难免遇到一些引起思考的问题,大体上归结为两方面。一方面是如何研读马克思主义及其中国化理论成果,特别是习近平新时代中国特色社会主义思想,进而用最新理论武装头脑。一方面是对工作生活区域的进一步了解,加深对河北历史的了解,增进思想感情的化学变化,进而应用到教学科研工作中。而这两方面的问题思考,又恰逢马克思诞辰200周年之际,使得课题研究又增加了一份责任和情怀。

当然,在具体的研究工作中,因为主观与客观的原因,使得研究工作存在一些不尽如人意之处,大体上表现在三个方面。一是在资料的搜集整理上。公开出版发行的资料多一些,报刊资料的利用差强人意，但日记、档案、地方志等资料相对利用较少。二是在研究方法上。主要还是利用历史学的方法，其他学科的研究方法利用较少，特别是涉及人物思想感情变动的心理学方法运用不够。三是在问题的讨论上。主要还是集中于20世纪初期的中国及河北，在纵向、横向的比较思考中做得不充分。在一定意义上说，这些问题的存在虽然反映了研究工作的薄弱之处，但也为接下来的进一步问题讨论指明了方向。

河北有着悠久的历史，勤劳勇敢的人们在这块土地上创造了灿烂的燕赵文化。如何挖掘蕴藏于文化中的精神宝藏，为河北的高质量发展乃至中国特色社会主义事业的发展助力，是一个研究者的社会责任和人文关怀。希望本成果能对此做出一点有意义的探索。

刘建民

2020年9月6日